Nicole Kessler
Juni 1989

Ursula Grüninger · Nüsse und Trockenfrüchte

Ursula Grüninger

Nüsse und Trockenfrüchte

Südwest Verlag München

Fotos: Kurt Sattelberger, Füssen
Schutzumschlag: Bachmann, Großillenberg
Umschlagfoto: Vorderseite und Rückseite: Kurt Sattelberger, Füssen

Die Rezepte sind, wenn nicht anders angegeben, für vier Personen berechnet.

Abkürzungen: EL bedeutet Eßlöffel
TL bedeutet Teelöffel

ISBN 3-517-00869-9

Satz: Fotosatz Otto Gutfreund, Darmstadt
Druck und Bindung: Mainpresse Richterdruck, Würzburg

Inhalt

Vorwort

»Da wir durch die Ernährung mit allem Leben zusammenhängen, müssen wir die Nahrungsmittel wieder in ihrer ursprünglichen Form gewinnen lernen, ihre Zubereitung ohne Kochen fördern, wo es möglich ist, und überall das Natürliche so natürlich wie möglich erhalten.«
Das sind Worte von Professor Dr. med. Werner Kollath, die mir zu denken gaben und mich beeinflußten, ein Buch über Nüsse und Trockenfrüchte zu schreiben. Sie sind seit Urzeiten wichtige Nahrungsmittel mit hohem Nährwert. Sie dienen der Gesundheit, geben dem täglichen Speisezettel eine neue Note und bieten Abwechslung.
Die Verwendung von Nüssen & Co. ist sehr vielseitig, und es ist viel zu wenig bekannt, was sich alles mit Trockenfrüchten anfangen läßt. Wir können damit unsere Ernährung verbessern, zumal wir immer wieder mit der Erkenntnis konfrontiert werden, daß wir zu viel, zu fett, zu süß, zu salzig essen. Gesund ist eine Mischkost, Einseitigkeit ist abzulehnen. Die Vielseitigkeit, und dazu will das Buch beitragen, ist eine wesentliche Komponente der richtigen Ernährung.
Das Trocknen von Früchten ist sehr alt. Es hat sich als schonende und nicht aufwendige Haltbarmachung bis heute bewährt. Wie unachtsam, ja gedankenlos gehen wir an dem reichen Angebot von Trockenfrüchten vorüber! In diesem Buch will ich zeigen, wie gesund nicht nur die Nüsse, sondern auch die Trockenfrüchte, wie kochsalz-, reizstoff- und fettarm und wie reich an Vitaminen und Mineralstoffen sie sind.
Außer einem Streifzug durch die Kulturgeschichte der Nüsse und einer kurzen Trockenfruchthistorie finden Sie Wissenswertes über den gesundheitlichen Wert, über die vielen Sorten der Nüsse und Trockenfrüchte und ihre vielseitigen Verwendungsmöglichkeiten. Es wird anschaulich gezeigt, welche Rolle Nüsse und Trockenfrüchte in der Küche spielen. Sie finden neben Müsli-Variationen wohlschmeckende Gerichte in Verbindung mit Fisch, Fleisch und Reis. Sie lernen interessante Salate, schnelle Pfannengerichte, Aufläufe, Gerichte mit Maronen, den eßbaren Kastanien, und delikate Desserts kennen. Sie stoßen auf köstliche Kuchen und Kleingebäck, auf Naschereien, zur Freude anderer hübsch verpackt als Geschenke aus der eigenen Küche. Sie bekommen Informationen, die Neues vermitteln und die Arbeit erleichtern. Es ist ein Buch, das Sie auch zum Kombinieren und Experimentieren anregen will, ein Buch, das sich erstmalig so ausführlich mit Nüssen und Trockenfrüchten befaßt. Einmal etwas Neues, etwas ganz anderes! Genuß und Freude stehen eng beisammen, und das ist es doch, was wir alle schätzen.
Eine abwechslungsreiche, richtige und gesunde Kost auf den Tisch zu bringen, darüber entscheiden Sie ganz allein. Das gesundheitliche Wohl Ihrer Familie haben Sie zu einem großen Teil selbst in der Hand.

Streifzug durch die Nußgeschichte

Aus fernen Landen kommen die Nüsse her, und bis weit in die prähistorische Zeit müssen wir zurückgehen, um einen Anfang ihrer Geschichte zu finden.
Wir können annehmen, daß die hochwertige, kraftspendende Nuß, wo immer man sie fand, zur Urnahrung des Menschen gehörte, freilich nicht als Genußmittel geknackt, sondern zum Stillen des Hungers diente. Wo es Nüsse gab, konnten sich die Nomaden aufhalten, und wer weiß, vielleicht trugen auch die Nüsse dazu bei, daß die Menschen eines Tages seßhaft wurden. Jedenfalls machten sie die Erfahrung, daß Nüsse lange haltbar waren und sich zu einer Art von Vorratswirtschaft eigneten. Bei der Freilegung von Pfahlbauten aus der jüngeren Stein- und Bronzezeit hat man Schalen von Nüssen gefunden.
So war die *Haselnuß* schon in vorgeschichtlicher Zeit in Europa und Asien ein willkommenes Nahrungsmittel, sie blieb es auch bei den alten Griechen und Römern und hat bis auf unsere Tage nichts von ihrer Beliebtheit eingebüßt. Der Haselnußstrauch wächst in nördlichen Breiten und auch bei uns wild. Die Früchte sind echte Nüsse und stark ölhaltig.
In Österreich und Ungarn sind auch die *Baumhaseln* oder türkischen Haseln bekannt. Sie gelangten 1582 durch David von Ungnad von Konstantinopel nach Niederösterreich.
Der Haselnußstrauch lieferte im Mittelalter das Holz für die Kunstschnitzer. Seine Ruten dienten zur Abwehr böser Geister.

Eine interessante Frucht, eine Exotin, ist die *Cashewnuß.* Sie hängt an einem Cashewapfel, ist nierenförmig und der Fruchtkern eines Nierenbaumes. Ihre Wiege stand einst in Westindien und Südamerika. Sie wird heute aber auch in Ägypten, Zentralafrika und auf Hawaii kultiviert. Ihr Geschmack ist leicht süßlich und mandelähnlich.
Zu den Exoten zählt auch die *Erdnuß,* die schon mehr als tausend Jahre alt ist. Sie stellt die Frucht der brasilianischen Erdnußpflanze dar, deren Stengel sich nach der Fruchtbildung zur Erde neigt, sich 5–8 cm tief in sie eingräbt und reift. Die Fruchthülsen enthalten die Erdnußkerne, ölige Samen, aus denen Erdnußöl gewonnen wird. Die Erdnüsse werden getrocknet, dann geröstet und gesalzen.
500 v. Chr. soll ein buddhistischer Mönch die Erdnuß von Brasilien nach China gebracht haben. Durch die spanischen und portugiesischen Eroberer gelangte sie nach Äquatorial-Afrika. Aus dieser Zeit stammt wohl auch der Name »Kameruner«.
In Spanien gab es 1797 erste Anbauversuche von dem Domherrn Francisco Tabares de Ulloa zu Valencia. In Griechenland wurde die Erdnußpflanze um 1840 von einigen Franzosen kultiviert.
Die Erdnuß hat sich nicht nur zu einem wichtigen Knabberartikel entwickelt, sondern in den USA und bei uns auch die Küche erobert. Das Erdnußknacken hat übrigens schon zum Austragen von Wetten herausgefordert. Der Weltrekord steht

auf 100 Stück, die in einer Minute geknackt werden können.

Die *Paranuß* ist ebenfalls eine Exotin. Ihre Heimat ist im äquatorialen Südamerika zu suchen. Dort ist sie ein beliebtes Volksnahrungsmittel, so wie in Italien die Eßkastanie. Ihr Name leitet sich von dem brasilianischen Staat Pará ab.

Die Paranußbäume zählen zu den Riesen, wachsen wild im Amazonaswald und tragen bis zu 600 Fruchtkapseln. In diesen kokosnußartigen Fruchtkapseln wachsen die Früchte Nuß an Nuß. Sie haben eine sehr harte, dreikantige Schale mit einem stark ölhaltigen Kern. Beim Ernten werden die Nüsse aus den Kapseln herausgenommen. Die Kapseln werden von den Indianern als Schüsseln oder Töpfe verwendet, so groß sind sie.

Die *Pecannüsse* kommen aus Texas. Sie sind die Früchte verschiedener Hickory-Bäume und werden heute in den Südstaaten der USA geerntet, wo man sie kultiviert hat. Die Schale der Nüsse ist dünn, also leicht zu knacken. Die Pecannuß ist der Haselnuß ähnlich, schmeckt aber walnußähnlich.

Die *Walnuß* ist die Frucht des Walnußbaumes. Ihre Urheimat ist Persien. Sie ist aber fast eine Kosmopolitin, denn von Japan bis an die Adria ist sie überall zu Hause. Weil die Griechen sich um die Anpflanzung dieses Baumes nicht bemühten, führte Alexander der Große den kultivierten Stamm aus Persien ein. In Italien wurde der Walnußbaum vermutlich schon sehr viel früher angebaut, und zwar über Karthago, wohin ihn schon die Phönizier einmal gebracht hatten. So ist auch zu erklären, daß bei Freilegung norditalienischer Pfahlbauten aus dem 6. Jahrhundert v. Chr. Walnußschalen gefunden wurden. 450 n. Chr. ist der Walnußbaum nach England gekommen. Karl der Große brachte ihn an den Rhein.

Die Walnuß, auch Baumnuß oder welsche Nuß genannt, gehört zu den vielseitigsten Nußkernen. Wie alle Nüsse ist sie sehr fetthaltig. Sie dient daher zur Ölgewinnung, was schon die Griechen zu nutzen wußten. Heute zählt das Walnußöl mit zu den teuersten Ölsorten.

Der Walnußbaum kann 150 Jahre alt werden und ist im hohen Alter am ertragreichsten. Er liefert ein sehr wertvolles Holz, wenn nicht das wertvollste überhaupt.

Die *Kokosnuß* wächst auf den Kokospalmen, die in verschiedenen Spielarten auf Ceylon, in Indien, Malaysia, Indonesien, auf den Philippinen und in Mexiko vorkommen. Die Kokosnuß ist ziemlich weit verbreitet und der Anbau der Kokospalmen wird in vielen Gegenden kultiviert.

Die Kokosnuß kann die Größe eines Kinderkopfes erreichen. Sie ist für die Eingeborenen der Anbauländer ein wichtiges Nahrungsmittel. Der Weltumsegler Georg Forster (18. Jahrhundert) verglich zu seiner Zeit die Kokosnuß der Eingeborenen mit unserem Schwein und nannte diesen wichtigen Fleischlieferanten die »Kokospalme des Nordens«. Unter der dünnen Außenschale der Nuß befindet sich eine dicke Faserschicht, darunter liegt die harte Steinschale und erst dann kommt das Samenfleisch. Unter diesem liegt der Hohlraum mit der leicht süßlichen, sehr erfrischenden Kokosmilch. Vergoren, gewinnt man aus ihr Branntwein.

Das Samenfleisch wird getrocknet und ist der Ausgangspunkt für die Herstellung von Kokosfett. Von den Kokosnüssen kennen wir alle die Kokosraspeln, die es getrocknet zu kaufen gibt. Die Kokosnuß zu knacken ist sehr schwer und nur mit einem Hammer oder einer Säge, von Männerhand geführt, möglich. Die etwa 40 cm langen Fasern werden zu Besen, Seilen, Teppichen und ähnlichem verarbeitet.

Was für die Inder der klare, süße Saft aus unreifen Kokosnüssen ist, nämlich eine Art Ersatzmilch, ist für die Indianer Nordamerikas der Saft der Pecannüsse. Auch in Europa gab es bis Ende des 18. Jahrhunderts eine Ersatzmilch, und zwar aus Walnüssen und Mandeln.

Die Heimat der *Mandel* ist Asien. 1700 v. Chr. wurden in Palästina die ersten Mandelbäume entdeckt. Aus Vorderasien wanderte der Mandelbaum nach Griechenland, von dort nach Italien. Die Römer nannten die Mandeln daher »Griechische Nüsse«. Diesseits der Alpen schrieb die Gartenordnung Karls des Großen die Pflege der Mandelbäume auf den kaiserlichen Gütern vor. Lange Zeit war die süße Frucht ein Luxus.

Heute wird der Anbau des Mandelbaumes in allen Mittelmeerländern kultiviert. Überall, wo die Trauben reifen, gibt es auch Mandeln. Der Mandelbaum gehört zu den Rosengewächsen, ebenso wie der Pflaumen-, Pfirsich-, Aprikosen-, Kirschen- und Quittenbaum. Die Schale der Mandel ist besonders hart, sie wird heute meist maschinell geknackt.

Die Mandel ist die Königin aller Nußfrüchte und ein geballter Energiespender. Sie spielt ihre Rolle gut, besonders bei der Marzipanherstellung. Daß sie in Begleitung von Rosenwasser, Zucker und Honig dem Marzipan den unvergleichlichen Geschmack verleiht, ist wohl dem Aroma des Mandelkerns zuzuschreiben.

Da die Mandeln sehr fetthaltig sind, wurde schon früh, wie zum Beispiel in Anatolien, Öl daraus gewonnen. Im Mittelalter fanden süße wie auch bittere Mandeln bei Arznei- und Hautpflegemitteln Verwendung. Heute spielt die Mandel wegen ihres Fettgehaltes auch bei der Herstellung von kosmetischen Artikeln eine Rolle.

Wir unterscheiden zwischen drei Mandelarten:

1. Süße Mandeln mit süß-öligem Geschmack,
2. Bittere Mandeln mit durchdringend bitterem Geschmack, die die sehr giftige Blausäure enthalten,
3. Krach- und Knackmandeln mit tiefgefurchter Steinschale. Es sind süße Mandeln mit leicht knackbarer Schale. Sie kommen leider nur geschwefelt in den Handel.

Brillat-Savarin sagt über Mandeln:

»Zum Lob der Mandeln haben sich viele gelehrte Schreiber bemüht und sie als unentbehrliche Kost der Geistesarbeiter gepriesen. Sie standen einst fast in dem gleichen Ansehen wie heute die Vitamine.«

Pinienkerne, geknackt, sind flache weiße Samenkerne der Steinkiefer oder Pinie mit einer harten schwarzbraunen Schale. Frisch gegessen, schmecken die stark ölhaltigen Kerne süßlich, ähnlich wie die Mandeln.

Die Pinie finden wir fast in allen Mittelmeerländern. Bekannt sind die Pinienwälder in Griechenland und Italien, besonders berühmt ist der 64 km lange Bosco bei Ravenna. Pinien wachsen auch in Südtirol. In Sibirien ersetzen die ebenfalls weißen, nach Mandeln schmeckenden Zirbelnüsse von der Zirbelkiefer die Pinienkerne, die im Herbst auch bei uns auf süddeutschen Märkten angeboten werden. Sie gehören hier wie dort zu den kleinen Leckereien.

Die *Pistazie* ist im östlichen Mittelmeerraum beheimatet. Vermutlich war Persien oder Syrien die Urheimat.

Die Pistazie wächst an einem kleinen Baum mit Blättern, die würzig duften. Sie schmeckt ganz ähnlich wie der Pinienkern. Von den nordischen Zuckerbäckern wurde sie schon lange als eine der feinsten Ingredienzen entdeckt. Sie ist etwa so groß wie die Haselnuß, und der Kern ist grün.
Durch Alexander den Großen tauchte die erste Kunde vom Pistazienbaum und seinen Nüssen auf. Am Anfang des 1. Jahrhunderts n. Chr. brachte Kaiser Vitellius die Pflanze nach Rom. Etwas später kam sie durch Flavius Pompejus dann nach Spanien.

Die *Maronen* sind Früchte des echten Kastanienbaumes, eines Buchengewächses, das ursprünglich aus Kleinasien stammt. Heute finden wir den Baum in Italien, Frankreich, Spanien und Portugal. Maronen werden aber auch im Weinbaugebiet und -klima des Rheinlandes, der Rheinpfalz und des Bodensees angebaut.
Der weiße, süßlich schmeckende Kern sitzt unter einer rotbraunen Schale. Im Herbst fallen die reifen Maronen von den Bäumen. Frisch geröstet und nahrhaft können wir sie an den Marktständen in süddeutschen Städten, wie zum Beispiel München, als »Heiße Maroni« kaufen.

Kleine Geschichte der Trockenfrüchte

Für die Menschen der vorgeschichtlichen Zeit war es ein Problem, für Notzeiten Vorräte anzulegen. Dazu mußten die Früchte haltbar gemacht werden. Dies geschah durch Trocknen oder Dörren, die älteste Methode der Konservierung. Im Grunde ist es ein einfaches Verfahren. Luft und Sonne sind dabei die vorgegebenen Helfer der Natur. Das Trocknen entzieht dem Obst das Wasser und verhindert so ein vorzeitiges Verderben.

Daß das Trocknen der Früchte hilfreich und nützlich ist, lernten die Menschen, sobald sie seßhaft geworden waren. Hunger macht erfinderisch. Freilich mußten sie erst in einem langdauernden Prozeß durch Erfahrungen klug werden. Sie mußten Lehrgeld bezahlen, wenn Feuchtigkeit, Schimmel oder Ungeziefer die Früchte verdarben, und spielten oft mit dem Leben, wenn sie sie dennoch aßen. In unendlicher Ferne lagen für diese Menschen die heutigen Erkenntnisse der Biologie und die Wissenschaft von den Mikroorganismen.

Zurück zur Vorratshaltung. Wohin mit den getrockneten Früchten? Die Nomaden und Oasenbewohner gruben Feigen in den heißen Wüstensand ein. Zweckmäßiger war die Lagerung schon, als man verstand, Körbe aus Binsen zu flechten und Tongefäße herzustellen. Im Altertum und später hatte man unterirdische Gewölbe, die sich zur Aufbewahrung eigneten. Im Mittelalter war das Trocknen die wichtigste Methode der Konservierung.

Getrocknete Früchte gibt es vor allem von Datteln, Feigen, Weintrauben, Äpfeln, Pflaumen und Aprikosen. Trockenbirnen, getrocknete Bananen oder getrocknete Ananasfrüchte spielen eine weniger wichtige Rolle.

Die *Dattel* wird das Brot der Wüste genannt. Sie ist die Frucht der Dattelpalme, die mit zu den ältesten Kulturpflanzen der Welt gehört. Von den Babyloniern veredelt, begann sie schon vor 5000 Jahren ihren Weg in alle »Wüstenländer« des Vorderen Orients. Die Dattelpalme, deren biegsamer Stamm bis zu 30 m hoch werden kann, trotzt jedem Wüstenwind; ihre langen Wurzeln dringen tief in die Erde ein. Sie ist sehr ertragreich und kann hundert Jahre alt werden.

Anstelle von Honig verwendete man die Dattel zum Süßen; im Winter wurde sie getrocknet und gepreßt gegessen. Für die Nomadenstämme war sie viele Jahrtausende zusammen mit Wasser die Lebensgrundlage. In Nordafrika ist die Dattel noch heute ein Grundnahrungsmittel.

Die Ägypter kannten die *Feige* schon 3500 v. Chr. Aus der Zeit der Pharaonen hat man ganze Körbe voll Feigen gefunden. Sie wurden den Toten als Wegzehrung für die Reise ins Jenseits mitgegeben. Die Heimat der Feige ist nicht eindeutig feststellbar, einmal ist Westasien genannt, dann wieder Arabien. In Palästina wurden Wunden mit ihr behandelt, und auch die Bibel erwähnt den Feigenbaum. Durch phönizische Seefahrer kam die Feige nach Rom und im 8. Jahrhundert über Persien nach China.

Rosinen sind vollreife Weintrauben, von der Sonne getrocknet. Die Weintraube stammt aus dem Orient. Die Assyrer und Ägypter kannten sie schon um 3500 v. Chr.

Rosinen waren wie die Datteln und Feigen schon im Altertum eine wertvolle Bereicherung der täglichen Speisen. Für die Nomaden waren sie nicht nur leicht zu transportieren, sondern auch einfach zu lagern. Im alten Rom – so wird überliefert – hat man Sklaven mit Rosinen aufgewogen. Vor seiner Alpenüberquerung soll Hannibal getrocknete Weinbeeren an seine Soldaten verteilt haben.

Berühmt wurden und sind die großen, dunklen Qualitätsrosinen aus Kalifornien.

Der symbolreiche, durch die ganze Menschheitsgeschichte wandernde *Apfel* gehört zu den ältesten und verbreitetsten Kernobstsorten. Er war eigentlich überall zu Hause. Zur Zeit Karls des Großen kannte man in Deutschland nur vier oder fünf Sorten, um 1650 aber schon 200, und heute gibt es mehr als 1500 Spielarten.

Zum Trocknen werden spät reifende, großfruchtige Sorten mit kleinem Kerngehäuse und säuerlichem Geschmack genommen. Besonders vorteilhaft sind die weißen Trockenäpfel aus Kalifornien.

Die *Pflaume* ist eine Züchtung aus asiatischen Wildpflanzen. Ihre Heimat ist der Orient.

Äpfel wie Pflaumen sind Obstsorten, die sicher schon in uralten Zeiten von unseren Urvorfahren durch Trocknen haltbar gemacht wurden. Das könnte auch für die *Aprikose* zutreffen, die um die Mitte des 1. Jahrhunderts n. Chr. nach Griechenland gebracht wurde.

Trockenaprikosen kommen heute in unterschiedlicher Qualität aus Australien und Kalifornien, aber auch aus Spanien.

Trockenbirnen (die *Birne* stammt aus dem westlichen Asien, die Griechen kultivierten sie schon früh) spielen auf dem Markt nur eine ganz unbedeutende Rolle. Sie werden nach Belieben zu Hause getrocknet.

Die *Banane*, die zuerst in den Wäldern des Himalaja-Gebietes gefunden wurde, ist getrocknet ein beliebter Knabberartikel.

Die *Ananas*, die Königin der Früchte, wurde von Kolumbus auf den Westindischen Inseln entdeckt. Ihre Heimat ist aber auch Mittelamerika. Im Jahr 1886 brachte ein Engländer tausend Pflanzen nach Hawaii. Heute ist diese Insel das größte und idealste Anbaugebiet für diese Frucht. Als Trockenfrucht spielt die Ananas nur eine untergeordnete Rolle.

Lexikon der Nüsse und Trockenfrüchte

Nüsse

Cashewnuß	Acajou, Kaschu-, Anarkadiusnuß oder Elefantenhaut
Heimat:	Westindien und Südamerika (wird in tropischen Ländern als Obst gegessen)
Geschmack:	Süß und mandelartig
Verkauf:	Meist geschälte Nüsse
Verwendung:	Für Müsli, würzige und süße Salate, Desserts, Soßen und Füllungen, zum Garnieren, für Kuchen und Kleingebäck, alles anstelle von Mandeln
Erdnuß	Arachis-, Achanti- und Kamerunnuß, Erdbohne, Erdpistazie, Erdmandel, Peanut
Heimat:	Brasilien, heute: China, Indien, Indonesien, Burma, Uganda, Kamerun, Westafrika, USA, Argentinien
Geschmack:	Süß-sauer
Verkauf:	Ungeschält oder geschält, geröstet oder ungeröstet, gesalzen oder ungesalzen; Erdnußöl
Verwendung:	Beigabe zu Fisch und Fleisch, Gemüse und Reis, für Aufläufe und zum Knabbern, als Erdnußbutter
Haselnuß	Welschhasel, nordische Mandel
Heimat:	Wildwachsend in ganz Europa, Nordasien und Japan
Kern:	Rundlich, ölhaltig
Geschmack:	Würzig
Verkauf:	Ungeschält, geschält, gehackt, gemahlen, in Nußmischung und Krokant
Verwendung:	Für Müsli, Beigabe zu Gemüse, für Aufläufe, Rohkostsalate, Pfannengerichte, Desserts, Soßen, Füllungen, Panade, für Buttermischungen, Kuchen und Kleingebäck, Torten und Garnierung
Kokosnuß	
Heimat:	Vermutlich das tropische Südamerika oder Südostasien
Geschmack:	Süßlich, milchig
Verkauf:	Getrocknete Kokosraspeln, ganze Kokosnüsse
Verwendung:	Kokosflocken als Garnitur für Salate, Desserts, zum Backen und für Liköre
Mandel	Griechische Nuß
Heimat:	Asien, Mittelmeerländer

Geschmack:	Süßlich bei Süßmandeln, bitter bei Bittermandeln. Bittere Mandeln enthalten die giftige Blausäure (Vorsicht, gefährlich!)
Verkauf:	Ungeschält, geschält, gehackt, gemahlen, als Stifte oder Blättchen; Krachmandeln kommen nur geschwefelt auf den Markt
Verwendung:	Für Suppen, Soßen, Beigaben zu Fleisch und Gemüse, für Aufläufe, Salate, Desserts, Panade, für Kuchen, Kleingebäck und Torten, für Likör und zum Knabbern, für Eis, Marzipan und als Öl
Marone	Edelkastanie, Eßkastanie
Heimat:	Kleinasien, Italien, Spanien, Portugal
Anbau:	Rheinland, Rheinpfalz und Bodensee
Geschmack:	Angenehm süß
Verkauf:	Frisch oder in Dosen
Verwendung:	Gekocht als Püree, geröstet zu neuem Wein, Beigabe zu Gemüse, Salat, Desserts, Fülle für Gans und Pute, sehr sättigend
Paranuß	Amazonenmandel, Brasil-, Juvia- oder Tucanuß, brasilianische Kastanie
Heimat:	Brasilien, Bundesstaat Pará
Geschmack:	Haselnußähnlich
Verwendung:	Anstelle von Nüssen und Mandeln
Pecannuß	
Heimat:	Texas
Ausfuhrländer:	USA (Texas), Mexiko, Indien und China
Geschmack:	Ähnlich der Walnuß
Verwendung:	Anstelle der Walnuß
Pinienkerne	Piniolen, Pigneoli, Pignoli, Zirbelnüsse, Piniennüsse
Heimat:	Mittelmeerländer
Geschmack:	Mandelartig fein, zart und süß
Verkauf:	In der Schale
Verwendung:	Anstelle von Mandeln für Kleingebäck
Pistazie	Pistazienmandel, Pistaziennuß, grüne Mandel oder Pimpernuß
Heimat:	Östliches Mittelmeer (Syrien)
Anbau:	Syrien, Kleinasien, Arabien, Sizilien, Tunis, Spanien
Geschmack:	Süß, mandelartig, zart
Verkauf:	Geschält, getrocknet und gehackt, das ganze Jahr über in Alu-Beuteln, die besten Pistazien kommen aus Sizilien, auch ungeschält; gesalzen als Knabberartikel
Verwendung:	Anstelle von Mandeln für Müsli, Beigabe zu Fleisch, in Wurst und Pasteten, für würzige und süße Salate, Desserts, Füllungen, Kuchen und Kleingebäck, für Eis und zur Garnitur von Pralinen

Walnuß	Welsche Nuß, Baumnuß (keine Nuß, sondern eine Steinfrucht)
Nährwert:	Hoch
Heimat:	Südasien, heute auch Europa
Geschmack:	Im Herbst, wenn erntefrisch: kräftig und süß
Verkauf:	Ungeschälte Nüsse im Spätherbst, geschälte Nüsse das ganze Jahr, auch glasiert und karamelisiert, sehr gute Sorten aus Frankreich
Verwendung:	Für Müsli, Beigabe zu Gemüse, für Aufläufe, Salate, Desserts, Soßen, Füllung in Geflügel, für Panade, Kuchen und Kleingebäck, Konfekt, Naschwerk, für Eis, Nußlikör aus grünen Nüssen, überhaupt sehr vielseitig

Trockenfrüchte

Ananas	
Heimat:	Westindische Inseln
Anbau:	Westindien, Mittel- und Südamerika, Hawaii, Kanarische Inseln, Azoren, Afrika, Israel
Geschmack:	Aromatisch, süß-säuerlich
Verkauf:	Getrocknet, kandiert
Verwendung:	Für Müsli, Salate, Desserts und zur Garnitur
Apfel	
Heimat:	Überall zu Hause, Wildformen in Asien als Paradiesapfel
Geschmack:	Säuerlich
Verkauf:	Getrocknet als Ringe oder Schnitze
Verwendung:	Für Müsli, Beigabe zu kalten und warmen Gerichten, für Aufläufe, Suppen, Salate, Desserts und Marmelade, Füllung für Fleisch- und Geflügelgerichte, für Buttermischungen, Früchtekuchen, Kleingebäck
Aprikose	Marille
Heimat:	Armenien
Geschmack:	Aromatisch
Verkauf:	Getrocknet; geschwefelte Früchte müssen gekennzeichnet sein; unterschiedliche Qualitäten aus Australien und Kalifornien
Verwendung:	Für Müsli, Beigabe zu Fisch, Geflügel, Fleisch, Desserts und Marmelade, für Aufläufe, Soßen, Früchtekuchen, Kleingebäck und Naschereien
Banane	Adams-, Paradies- oder Pisangfeige
Heimat:	Himalaja
Anbau:	Mittel- und Südamerika, Afrika und Kanarische Inseln
Geschmack:	Aromatisch
Verkauf:	Kleine Früchte getrocknet
Verwendung:	Für Müsli und Naschereien

Dattel

Heimat:	Mesopotamien
Anbau:	Nordafrika, Ägypten, Arabien, Persien, Israel, Spanien, Mexiko, Australien, Südasien, Griechenland, Kalifornien
Geschmack:	Angenehm, honigartig
Verkauf:	Getrocknet in kleinen Spanschachteln oder Bechern zu 250 g oder flachen Schalen zu 200 g, aber auch lose; biologisch angebaut ohne chemische Mittel; beste Sorte Königsdattel, besonders lange haltbar
Verwendung:	Für Müsli, Salate, Pfannengerichte, Desserts, für Buttermischungen, Kuchen und Kleingebäck, Naschereien und Garnituren

Feige

Heimat:	Südeuropa, Afrika
Anbau:	Italien, Spanien, Griechenland, Algier, Tunis, Portugal, Frankreich
Geschmack:	Süß, wohlschmeckend
Verkauf:	Getrocknete feine Qualitäten kommen in Kistchen, Schachteln, in kleinen Körben auf den Markt, die billigere Ware als Kranzfeigen. Mit die besten Feigen stammen aus der Türkei (Smyrna), sie sehen gelb aus, sind saftig und honigsüß
Verwendung:	Für Müsli, Pfannengerichte, Desserts, Füllungen, Kompott, auch auf Kuchen mit Schlagsahne darüber und für Naschereien

Pflaume

Heimat:	Orient
Anbau:	Kalifornien, Argentinien, Frankreich, Jugoslawien, Rumänien
Geschmack:	Süß und süß-säuerlich
Verkauf:	Große Kurpflaumen; entsteinte Trockenpflaumen kommen aus Jugoslawien
Verwendung:	Für Müsli, Suppen, Eintöpfe, Beigabe zu Fleischgerichten, für Aufläufe, süße Salate, Kompott, Desserts, Soßen, für Kuchen und Kleingebäck, Naschereien, zum süß-sauer Einlegen, für Branntwein

Rosine

Anbaugebiete:	USA (Kalifornien), Griechenland (Kreta), Türkei, Australien, Afghanistan, Mexiko, Iran
Geschmack:	Süß, mit hohem Zuckergehalt
Verkauf:	Traubenrosinen, Sultaninen, Korinthen
Verwendung:	Für Müsli, aromatische Beigabe zu Suppen sowie Fisch-, Fleisch- und Reisgerichten, für Aufläufe, Frucht- und Frischsalate, Pfannengerichte, Desserts, Beigabe zu Soßen, für Buttermischungen, Kuchen, Kleingebäck, Torten, Snacks und andere Leckereien.

Gesundheitlicher Wert der Nüsse und Trockenfrüchte

Nüsse

Nüsse haben bekanntlich einen hohen Fettgehalt, den höchsten aller pflanzlichen Nahrungsmittel. Doch sie enthalten auch Vitamine, sind gesund und sollten aus diesem Grunde des öfteren in der Nahrung enthalten sein.

Die Haselnuß ist reich an Lecithin und, was besonders wichtig ist, sie beeinflußt positiv die Lernfähigkeit und wirkt beruhigend auf die Nerven. Haselnüsse, das geht auch aus der Tabelle Seite 19 hervor, enthalten wenig Kohlenhydrate, was Zukkerkranken sehr zugute kommt. 15–20 Haselnüsse in einem Müsli am Morgen decken schon den Tagesbedarf eines Erwachsenen an Eiweiß.

Die Cashewnuß enthält wie die *Kokosnuß* auch Kalium, was sich nicht nur stärkend auf das Herz auswirkt, sondern auch das Einschlafen fördern soll. Der Gehalt an Pflanzenölen, Proteinen, Kohlenhydraten, Mineralstoffen und Vitaminen macht sie wertvoll.

Das Öl der *Erdnuß* verfügt in reichem Maße über die lebenswichtigen Linolsäuren. Sie beeinflussen nicht nur den Blutdruck günstig, sondern senken überdies auch den Fettgehalt des Blutes. Da die Erdnüsse energiespendendes Eiweiß und viel Vitamin B_1 enthalten, haben sie auch für das Zentralnervensystem große Bedeutung.

Magnesium stärkt das Herz, wirkt sehr günstig auf den Kreislauf und gegen Arterienverkalkung. Hier wird die *Paranuß* empfohlen, die übrigens auch hochwertiges Eiweiß enthält. Weil sie wenig Natrium nachweisen kann, beeinflußt sie günstig die Nierenfunktion.

Wer gerne *Walnüsse* ißt, weiß vielleicht, daß sie beruhigend auf die Nerven wirken. Der Grund ist ihr hoher Lecithingehalt.

Auch *Mandeln* enthalten wertvolle Bestandteile und sind gute Energiespender. Sie werden besonders allen geistig Arbeitenden empfohlen. Da die Mandeln sehr kalorienreich sind, wird all jenen zur Vorsicht geraten, die auf ihr Gewicht achten müssen.

Der Verzehr wirkt sich übrigens bei Kindern günstig auf die Zähne und den Kiefer aus, denn Mandeln müssen gründlich gekaut werden.

Wie die Nüsse sind auch die Mandeln reich an mehrfach ungesättigten Fettsäuren, die den Cholesterienspiegel senken können. Hoch ist ihr Mineralstoffgehalt, und an Vitaminen sind die Vitamine A, E, B_1 und B_2 zu nennen. Vitamin A ist vorteilhaft für Augen, Haut und Knochen, die restlichen Vitamine haben große Bedeutung für den Kohlenhydrat- und Energiestoffwechsel.

Wir unterscheiden süße und bittere Mandeln. Die bitteren, die wegen ihres ausgeprägten Aromas als würzende Zutat für Gebäck und Marzipan verwendet werden, enthalten das Glykosid Amygdalin, das die sehr giftige Blausäure entwickelt. Eine größere Zahl dieser Mandeln allein verzehrt, kann sich bedrohlich für den Esser

auswirken. Bittermandeln daher nur in geringer Menge verwenden.
Gicht- und Nierenkranken empfehlen die Ärzte *Maronen,* die Früchte der Eß- und Edelkastanie.

Trockenfrüchte

Der Trocknungsvorgang reduziert den Wassergehalt. Durch den Wasserentzug nehmen die reinen Nährwerte zu. Trokkenfrüchte sind daher Träger von wertvollen Nährstoffen in besonders konzentrierter Form. Im Unterschied dazu erleiden eingemachte Früchte einen erheblichen Verlust an Inhaltsstoffen.
Datteln enthalten wichtige Vitamine und Mineralstoffe, ferner den leichtverdaulichen Invertzucker. Außerdem decken drei bis vier der kleinen, langen Früchte gut ein Drittel des menschlichen Tagesbedarfs an Eisen. Darüber hinaus verfügen Datteln über Kalzium, Kalium, Phosphor und Vitamine. Diese Nährwerte machen zwei bis drei Datteln so wertvoll, wie es vergleichsweise ein Löffel Lebertran ist. Das dürfte Kinder wie Eltern freuen.
Wegen ihres Nährwertes und der Energiezufuhr werden *Feigen* sehr geschätzt. Sie enthalten wenig Wasser, dafür einen hohen Prozentsatz an assimilierbaren Kohlenhydraten. Außerdem sind sie reich an Proteinen und Mineralsalzen. Sie wirken günstig auf die Verdauung, was schon die alten Ägypter und Römer erkannten. Und all dies gilt in erhöhtem Maße für die getrockneten Früchte.
Rosinen bieten nützliche Aufbaustoffe und mit einem Gehalt von 55 % Traubenzukker auch reichlich Energie. Neben pflanzlichem Eiweiß liefern sie Ballaststoffe, die die Verdauung günstig beeinflussen. Die Rosinen enthalten Mineralstoffe und Vitamine, Kalium, was den Nieren zugute kommt, und reichlich Kalzium, das das Wohlbefinden steigert. Phosphor und Magnesium sind neben wichtigen Bausteinen für die lebenden Zellen auch Energieträger. Die Vitamine A und C sind nicht nur unentbehrlich für die Gesundheit, sondern auch gut für die Sehkraft.
Es steckt erstaunlich viel Wertvolles in den sonnengetrockneten Weinbeeren.
Der Schweizer Arzt Bircher-Benner verwendete den *Apfel,* der als blutreinigend gilt, bei bestimmten Stoffwechselerkrankungen.
Die *Pflaume* sorgt, durch die in ihr enthaltenen Ballaststoffe und Enzyme für eine gute Verdauung. Kalium entwässert den Körper gründlich. Getrocknete Pflaumen sind schmackhaft und beliebt.
Die *Aprikose* übt einen günstigen Einfluß auf den Kaliumhaushalt aus.
Die *Banane* ist leicht verdaulich. Sie spielt in der Säuglings- und Kleinkinderernährung eine bedeutende Rolle.

Nährwerttabelle

Der genießbare Teil von 100 g eingekaufter Ware enthält:

	Energie	Hauptnährstoffe			Mineralstoffe				Vitamine				
Lebensmittel	kcal Joule	Eiweiß g	Fett g	Kohlenhydrate g	Natrium mg	Kalzium mg	Phosphor mg	Eisen mg	A (Retinol) mg	E (Tocopherol) mg	B_1 (Thiamin) mg	B_2 (Riboflavin) mg	C (Ascorbinsäure) mg
Nüsse													
Cashewnüsse	600/2520	17,2	46	29,3	15	40	375	3,8	30	1,2	0,43	0,25	–
Erdnüsse, geröstet	629/2642	26	49	21	3	75	410	2,3	110	8,7	0,32	0,13	–
Haselnüsse	656/2755	13	61	23,5	2	225	330	3,8	4	21	0,40	0,20	3
Kokosnuß, reif	367/1541	4,2	34	11	–	20	94	2,0	–	–	0,05	0,02	–
Kokosraspel	604/2492	5,6	62	6,4	28	22	160	3,6	–	0,06	0,04	0,6	–
Mandeln	040/2688	10	54	19,5	3	234	500	4,7	23	24	0,25	0,92	+
Maronen, Eßkastanien	215/903	3,4	1,9	46	2	46	75	1,4	–	–	0,23	0,22	6
Paranüsse	703/2953	14	67	11	2	130	600	2,8	3	6,5	1	0,10	2
Pinienkerne	674/2831	13	60	20,5	–	12	605	5,2	8	–	1,30	0,23	–
Pistazien	638/2679	19	54	19	–	130	500	7,3	70	–	0,65	–	–
Walnüsse	690/2898	15	64	13,5	5	70	440	2,1	10	4,5	0,35	0,10	15
Trockenfrüchte													
Äpfel, geschwefelt	286/1197	2,2	1,6	6,8	5	31	51	1,4	–	–	0,08	0,11	11
Aprikosen, geschwefelt	292/1222	5	0,5	66,9	19	75	111	5	70	–	0,01	0,13	12
Bananen	96/402	4,4	0,8	86,6	4	32	104	2,8	13	–	0,20	0,20	7
Datteln	300/1255	2	0,5	71,9	18	61	60	2,3	5	–	0,07	0,09	2
Feigen	277/1159	3,9	1,3	62,5	37	160	93	3,2	8	–	0,11	0,10	30
Korinthen	243/1039	1,7	–	3,4	3	35	24	1,8	–	–	0,03	0,08	–
Pfirsiche	281/1176	3,1	0,7	65,6	13	46	122	6,5	83	–	0,01	0,19	17
Pflaumen	291/1222	2,3	0,6	69,4	8	41	73	2,3	112	–	0,20	0,20	4
Rosinen o. Kerne	246/1049	1,1	–	64,4	52	61	33	1,6	30	–	0,1	0,08	–
Sultaninen	250/1066	1,8	–	64,7	53	52	95	1,8	30	97	0,1	0,08	–

Entnommen aus »Die große GU Nährwerttabelle« von Prof. Dr. med. H. D. Cremer, Ernährungsberaterin DGE W. Aign, Prof. Dr. I. Elmadfa, Prof. Dr. E. Muskat, Dipl. oec. troph. D. Fritzsche, Institut für Ernährungswissenschaft der Universität Gießen.

Rosinen sind nicht gleich Rosinen

»Nichts kann das Leben mehr versüßen als die Rosinen.« Das wußten nicht nur die alten Griechen und Römer, sondern auch unsere Großmütter zu schätzen.
Doch was versteht man unter einer Rosine, und was ist der Unterschied zu Sultanine und Korinthe?
Rosinen sind getrocknete Weintrauben von verschiedenen Sorten der Weinrebe, mit hohem Zuckergehalt, daher die Süße. Es sind Beeren, die nach der Ernte an der Sonne getrocknet werden – qualitativ bessere Sorten trocknen direkt am Weinstock – und als Traubenrosinen zum Verkauf kommen.
Rosinen haben ursprünglich eine blaue Schale und bleiben stets dunkel. Wichtig ist, daß sie ungeschwefelt sind und damit dem Umweltbewußtsein der Verbraucher entsprechen. Das trifft zum Beispiel für die kalifornische dunkle und kernlose Rosine zu. Beim Trocknen durch die Sonne färben sich die Beeren durch die natürliche Pigmentierung braunblau. Ihre dünne, elastische Haut platzt trotz der Sonnenbestrahlung nicht und bietet Mikroorganismen keine Chance, in das Fruchtfleisch einzudringen. Sie benötigen keine Chemikalien zum Aufhellen und sind ohne Konservierungsstoffe haltbar.
Als gut gelten auch die bläulich bereiften oder braunen Malaga-Traubenrosinen aus Spanien, doch haben sie für den Markt wenig Bedeutung. Genauso steht es um die fleischigen, kernhaltigen Rosinen aus Syrien. Ihr Name »Zibeben« ist auch noch ab und zu im Gebrauch. Vermutlich leitet er sich von dem Namen der Insel Cypern ab. Es gibt ferner die hellen und reineren Smyrna-Rosinen, deren Heimat Anatolien ist. Sehr gute Rosinen, die Candia heißen, werden auf Kreta angeboten und auch von dort aus verschifft.
Sultaninen werden die getrockneten Weintrauben genannt, die von den Sultanatrauben abstammen. Sie sind groß, fleischig, saftig, sehr süß, ohne Kerne und Stiele. Ihre Haut ist immer hell. Aus Australien kommen qualitativ hochwertige Sultaninen, die nur an der Sonne getrocknet und weder chemisch aufgehellt noch geschwefelt sind. Sie haben eine helle, goldgelbe Farbe. Weniger wertvolle Sorten werden künstlich aufgehellt und zur Konservierung geschwefelt. Je nach der Intensität der Behandlung ist ihre Farbe hell bis braun.
Die *Korinthen*, benannt nach der Stadt Korinth in Griechenland, sind im Vergleich zu den Rosinen getrocknete kleine, rötlichblaue bis violett-schwarze, auch kernlose Traubenbeeren mit dünner Haut. Es sind Trauben, die in Holzkästen in der Sonne oder im Schatten getrocknet werden. Handelt es sich um gute Ware, dann haben die Korinthen eine dunkle Farbe und keine Stiele.
Ob Rosinen, Sultaninen oder Korinthen, alle sind wegen ihres hohen Nährwertes hervorragend zum Kochen und Backen geeignet, auch verfeinern sie das Müsli sowie Salate und sind lecker zum Knabbern. Also goldene Rosinenzeiten für den deutschen Verbraucher!

Trocknen von Obst gestern und heute

Ich erinnere mich noch sehr gut an die Zeit, als man auf dem Lande, zum Beispiel auf Dachböden, Apfel- oder Birnenschnitze an Schnüren aufgereiht hängen sah. Unsere Großmütter praktizierten so die Haltbarmachung von Obst durch Trocknen an der Luft. Unter Kontrolle blieben die Schnitze so lange hängen, bis die Luft das Wasser entzogen hatte und das Obst ganz trocken und runzlig war. Das dauerte Tage. So war es früher.

Heute besteht die Möglichkeit, kleinere Mengen Obst im hauseigenen Verfahren mit Hilfe des Backofens in Dörr- oder Trockenobst zu verwandeln, wenn nicht das Tiefgefrieren als idealste Form der Haltbarmachung vorgezogen wird. Selbstverständlich kommen nur ausgesuchte, einwandfreie Früchte in Frage. Getrocknet werden Äpfel, Birnen, Pflaumen, Aprikosen und nach Belieben auch Bananen. Bei Äpfeln nimmt man spätreife und großfrüchtige Sorten mit säuerlichem Geschmack, Birnen sollten noch nicht ganz reif sein.

Äpfel und *Birnen* werden gewaschen, geschält, vom Kernhaus befreit und in Scheiben geschnitten. Die Apfelringe werden auf dem Gitter im Backofen bei geöffneter Tür bei 60 °C etwa neun Stunden und die Birnen in gleicher Weise, aber bei höherer Temperatur (90–100 °C), etwa acht bis neun Stunden getrocknet.

Pflaumen werden nicht entsteint, nach dem Waschen mit einem sauberen Küchentuch abgetrocknet und dann im Backofen bei 60–80 °C gedörrt. Das kann bis zu zehn Stunden dauern.

Aprikosen werden geschält und entsteint und bei 60 °C getrocknet. Dies kann bis zu zwölf Stunden in Anspruch nehmen.

Bei *Bananen* geht es am schnellsten. Sie werden geschält, der Länge nach halbiert und bei 60 °C in etwa vier Stunden im Backofen getrocknet.

Für die Aufbewahrung dürfen nur saubere Gefäße oder Beutel, die gut verschließbar sind, verwendet werden.

Die Dörrzeiten sollten möglichst nicht überschritten werden, damit keine Qualitätseinbußen in Kauf genommen werden müssen.

Informationen von A–Z

Amardine-Creme getrocknete, eingeweichte, weichgekochte Aprikosen pürieren, einige Mandelstifte daruntermischen und etwas Schlagsahne darunterheben oder gesondert dazu reichen.

Auflauf nach dem Backen sofort servieren. Bei längerem Stehenlassen sinkt er leicht zusammen. Eier im Auflauf lockern, binden und bewirken das »Auflaufen« der Teigmasse. Soll der Auflauf besonders locker werden, dann ein Ei mehr nehmen.

Bittere Mandeln enthalten Amygdalin, das in Verbindung mit Wasser die giftige Blausäure freisetzt. 7–10 bittere Mandeln können den Tod eines Kleinkindes herbeiführen. Für Erwachsene ist die Dosis höher, sie liegt bei 60 Bittermandeln. Deshalb bittere Mandeln so aufbewahren, daß sie Kindern nicht in die Hände fallen.

Cashewnüsse bekommen geröstet einen feinen Geschmack und können anstelle von Mandeln und Haselnüssen verwendet werden.

Datteln sollten, wenn sie von guter Qualität sind, pflaumengroß sein und weiches Fruchtfleisch haben. Ist dies nicht der Fall, handelt es sich um alte Ware. Angebrochene Packungen müssen wieder verschlossen werden. Ein heller Belag kann von auskristallisiertem Zucker herrühren und hat nicht immer etwas mit Schimmel zu tun.

Erdnüsse gibt es geröstet und ungeröstet, auch gesalzen zu kaufen. Sie bleiben nur knusprig, wenn der Inhalt der Packung nach dem Öffnen rasch verzehrt wird.

Feigen trocken aufbewahren, dann können sie unter ständiger Kontrolle bis zu einem Jahr halten. Es besteht Milbengefahr. Weißer Belag auf getrockneten Feigen ist Traubenzucker, der ausgeschieden wurde.

Frutta-Mix ist ein Fertigprodukt, das mit Rosinen und kandierten Früchten hergestellt wird.

Garnituren mit ganzen abgezogenen Mandeln, Nüssen jeglicher Art, Pistazien, Rosinen, bunten Schokoladenplätzchen, geraspelter Schokolade, Borkenschokolade und Schokoladen-Dekorblättern geben jeder Süßspeise, jedem Kuchen, Kleingebäck und selbst zubereiteten süßen Geschenken eine individuelle Note.

Geschmack von Nüssen und Mandeln wird durch Rösten erhöht.

Geschwefelte Rosinen und Sultaninen sind vor Gebrauch gut zu waschen.

Getrocknete Pflaumen gibt es auch entsteint zu kaufen.

Haselnüsse die gut aussehen und schwer sind, garantieren Qualität. Bei langer Lagerung leidet der Geschmack, deshalb sollten sie innerhalb eines Jahres verbraucht werden. Haselnüsse sind aber nicht nur eine gesunde Leckerei, sie geben jedem Gericht, jedem Backwerk ein feines süßliches Aroma. Man kann sie auch als Krokant kaufen.

Honig besitzt hohen Nährwert und alles, was damit zubereitet wird, hat ein größeres Quellvolumen und damit einen höheren Sättigungsgrad. Die in ihm enthaltenen Vitalstoffe sorgen für eine bessere Stoffumwandlung, deshalb lieber mit Honig als mit Zucker süßen.

Hutzeln (Kletzen) sind getrocknete Birnenschnitze und eine wichtige Zutat für Schnitz-, Kletzen- und Hutzelbrot.

Kokosnüsse sind wegen ihres hohen Feuchtigkeitsgehalts nur begrenzt haltbar. Bei längerer Lagerung schmecken sie unangenehm, fast mit Seife vergleichbar.

Korinthen werden leicht von Maden befallen. Trockene, luftige und kühle Lagerung wird daher sehr empfohlen.

Kuchenglasuren gibt es in aluverpackten Standbeuteln in verschiedenen Ausführungen: dunkle und helle Glasur, auch mit Zitronengeschmack. Jede Glasur ist leicht und bequem zu handhaben. Fruchtige Kuchen und Kleingebäck bekommen durch den Glasurüberzug nicht nur einen feinen Geschmack, sondern bleiben auch länger saftig und frisch.

Lagerung von Trockenfrüchten ist möglichst kühl bei etwa 10 °C und einer Luftfeuchtigkeit von etwa 60 % am besten. In geheizten Räumen wird empfohlen, die Früchte aus der Packung herauszunehmen und in verschließbare Gläser zu füllen. Bei sehr süßen Früchten, wie z. B. Pflaumen und Feigen, kann im Lauf der Zeit eine Auskristallisierung von Zucker an der Oberfläche stattfinden. Das bedeutet keine Qualitätsminderung, und die Früchte können weiter verwendet werden.

Mandeln können bei richtiger Lagerung, das bedeutet trocken und kühl, bis zu zwei Monate aufbewahrt werden.

Maronen (Eßkastanien) kühl und trocken aufbewahren, da sie leicht keimen und muffig riechen. Gute Maronen haben einen weißen, süßen Kern. Wenn sie sich weich anfühlen und eine schwarze Schale haben, sind sie verdorben. Maronen gibt es im Herbst frisch, das ganze Jahr über in Dosen zu kaufen.

Nüsse mit etwas Butter und Zucker bei schwacher Hitze geröstet, eignen sich besonders gut zum Bestreuen von Kuchen und Kleingebäck.

Pistazien sind ein wichtiger Bestandteil vieler Rezepte. Sie verfeinern mit ihrem dezent-aromatischen Geschmack Desserts und Gebäck und können anstelle von Mandeln und Nüssen verwendet werden. Bei langer Lagerung verlieren sie die grüne Farbe. In alubeschichteten Beuteln sind sie lichtgeschützt verpackt und bleiben das ganze Jahr grün. Offen gekauft können sie leicht verderben, ranzig schmecken und von Schädlingen befallen werden. Pistazien gibt es geschält, getrocknet und gehackt zu kaufen.

Reis schmeckt gegart sehr gut, wenn zu gleichen Teilen abgezogene, in Butter hell geröstete Mandeln und Pistazien darübergestreut werden.

Rosinen trocken und luftig lagern. Bei zu langer Lagerung verlieren sie nicht nur an Geschmack, sondern verzuckern von innen und werden unansehnlich. Rosinen und Sultaninen, die gegen Milbenbefall mit Schwefeldioxid behandelt wurden (die zulässige Menge ist in einer Verordnung vorgeschrieben), vor Gebrauch gut waschen. Geschwefelt müssen sie gekennzeichnet sein. Rosinen aus Kalifornien können direkt aus der Verpackung genommen werden, lassen sich locker streuen und kleben nicht an den Fingern. Ein weiterer Vorzug ist, daß sie ungeschwefelt im Handel sind. Bei kühler und trockener Lagerung sind diese Rosinen etwa 15 Monate haltbar.

Schälen von Haselnüssen und Mandeln Haselnüsse auf ein Backblech legen und im Backofen bei 200 °C kurz erhitzen. Sobald die braune Außenhaut platzt, kann sie mit einem sauberen Tuch leicht abgerieben werden. Mandeln dagegen kurz in kochendheißes Wasser legen. Die Haut läßt sich dann leicht abziehen.

Schimmel oder Milbenbefall verursacht bei den Trockenfrüchten einen dumpfen, unangenehmen Geruch. So weit sollte es nicht kommen, da dann die Trockenfrüchte nicht mehr verzehrt werden dürfen. Auch Erdnüsse, Haselnüsse und Mandeln sind bei unsachgemäßer Lagerung, d. h. zu warm und feucht, für Schimmelbefall anfällig. Sie können dann nicht mehr verwendet werden.

Sultaninen aus Australien sind groß und fleischig, hell, aromatisch, werden nur in der Sonne getrocknet und enthalten nach der Trocknung ungefähr 15 % mehr Fruchtzucker, Glucose und Fructose als Früchte anderer Provenienzen. Australische Sultaninen sind garantiert ungeschwefelt.

Skandinavisches Topfgericht. Rezept S. 34

Gebeizter Schweinenacken

500 g Schweinenacken ohne Knochen	waschen und in eine Schüssel legen.
3 Zwiebeln	schälen, in kleine Würfel schneiden und mit
⅛ l Weinessig	und
⅛ l Wasser	aufkochen, dann
etwas Knoblauchpulver, einige Pfefferkörner, 1 Lorbeerblatt	und
Salz	dazugeben. Die Beize über das Fleisch gießen und zugedeckt bis vier Tage in den Kühlschrank stellen.
50 g Fett	in einem Schmortopf erhitzen. Das Fleisch aus der Beize nehmen, dazugeben und braun anbraten. Mit der durchgesiebten Beize auffüllen und zugedeckt bei geringer Hitze etwa 60 Minuten schmoren.
1 Zwiebel	schälen und klein hacken,
250 g getrocknete Aprikosen	in kleine Stücke schneiden.
1 Apfel	schälen, vierteln, das Kernhaus entfernen, mit Aprikosen- und Zwiebelstückchen 20 Minuten vor Ende der Garzeit zu dem Fleisch geben und mitgaren. Zuletzt die Soße mit
Cayennepfeffer	abschmecken. Wer es etwas süßlich liebt, gibt noch
1–2 TL Honig	darunter. Den Braten in Scheiben schneiden und auf einer Platte, mit den Obststückchen umlegt, anrichten. Die Soße gesondert dazu reichen. Mit etwas
klarem Schnaps	abgeschmeckt, begeistert sie jeden Gourmet.
Variante:	Anstelle von Aprikosen gemischte eingeweichte Trockenfrüchte, wie z. B. Birnen, Pflaumen, Apfelringe, Sultaninen und Hagebutten, verwenden. In diesem Fall Knoblauchpulver und Honig weglassen. Die Soße mit Speisestärke binden, und das »Schlesische Himmelreich« ist fertig.

Skandinavisches Topfgericht

12 entsteinte getrocknete Pflaumen, auch Kurpflaumen	in wenig Wasser über Nacht einweichen, dann abtropfen lassen und halbieren.
60 g Fett	erhitzen,
500 g Schweinefleischwürfel	dazugeben, anbraten,
etwas Mehl	darüber verteilen, mit
Salz und Pfeffer	würzen und mit
½ l Wasser	ablöschen. Zugedeckt etwa 50 Minuten bei geringer Hitze schmoren.
2–3 EL Rotweinessig	sowie
1 Prise Zucker	und die Pflaumenhälften dazugeben. Noch etwa 15 Minuten bei geringer Hitze schmoren lassen. Das Gulasch abschmecken, aber so, daß es den säuerlichen Charakter behält.
Aquavit	gibt der Soße den letzten Pfiff.

Wildschweingulasch

50 g Speckwürfel	mit
2 kleingehackten Zwiebeln	und
500–750 g Wildschweinfleisch, in Würfel geschnitten,	in einem Bräter anbraten. Etwas
Paprikapulver	darüberstreuen und mit anbraten.
1–2 Lorbeerblätter,	
Thymian,	
Salz	und
Pfeffer	dazugeben,
½ l Rotwein	zugießen, eventuell noch etwas mehr, damit das Fleisch gut bedeckt ist, und zugedeckt langsam garen. 15 Minuten vor Ende der Garzeit
6 große Kurpflaumen	dazugeben.
1 TL Speisestärke	mit
1 EL Wasser	anrühren und die Soße binden. Das Gulasch mit
Zwetschgenwasser	verfeinern. Vor dem Anrichten die Lorbeerblätter entfernen.
Variante:	Das Zwetschgenwasser kann auch weggelassen und dafür Crème fraîche verwendet werden.

Rheinischer Sauerbraten

750–1000 g Rinderbraten	gut waschen und abtropfen lassen, in eine Schüssel legen.
1 Bund Suppengrün	waschen, klein schneiden und mit
1 halbierten Zwiebel,	
3–4 Nelken,	
1–2 Lorbeerblättern,	
6–8 Pfefferkörnern,	
½ l Weinessig	und
½ l Wasser	zum Kochen bringen und abgekühlt über das Fleisch gießen. 3–4 Tage in der Marinade liegen lassen. Das Fleisch herausnehmen, abtropfen lassen und mit Küchenpapier trocken tupfen.
40 g Fett	erhitzen,
1 geschälte, in Scheiben geschnittene Zwiebel	und das Fleisch dazugeben, anbraten, mit der durchgesiebten Marinade und etwa
½ l Wasser	ablöschen.
75 g australische Sultaninen	sowie
Salz und Pfeffer	zufügen und den Braten bei geringer Hitze 90 Minuten zugedeckt schmoren.
⅛ l Sahne	mit
2–3 TL Speisestärke	anrühren, die Soße binden und außer mit
Salz und Pfeffer	auch mit
Rum	abschmecken.
Variante:	Das Fleisch spicken, die Sultaninen weglassen und gemischte eingeweichte Trockenfrüchte mitkochen lassen.

Lammragout Surprise

500 g Lammbrustfleisch	in Würfel schneiden,
1/8 l Weinessig	mit
1 Lorbeerblatt	und
1 in Viertel geschnittenen Zwiebel	erhitzen, heiß über die Fleischwürfel gießen und über Nacht zugedeckt stehenlassen.
1 Zweig Thymian	und
1 Zweig Rosmarin	mit durchziehen lassen.
200 g getrocknete, extra große Aprikosen	in so viel
Wasser	einweichen, daß sie gerade bedeckt sind. 2–3 Stunden stehenlassen.
40 g Fett	erhitzen, abgetropftes Fleisch und
1 zerkleinerte Zwiebel	dazugeben, anbraten, mit der Marinade und
1/8 l Rotwein	ablöschen, abgetropfte Aprikosen zufügen und 60 Minuten zugedeckt bei geringer Hitze schmoren. Soße mit
1–2 TL Soßenbinder für dunkle Soßen	binden und nach Geschmack mit
Salz und Pfeffer	würzen.
Variante:	Das Lammragout kann auch in einer Rotweinbeize (Rotwein, Zwiebel und Kräuter) mariniert und zusätzlich noch mit dem Einweichwasser der Aprikosen gegart werden. Wer das Besondere liebt, kocht noch zwei eingelegte, kleingeschnittene Ingwerpflaumen mit. Diese sind zu den Aprikosen eine gute Kombination. Dazu serviert man Semmelknödel.

Lammkeule nach Christine

	Von
1 kg entbeinter Lammkeule	die Fettschichten entfernen. Das Fleisch mit
2 EL Olivenöl	beträufeln, mit dem Handballen einmassieren. Mit etwas
ausgepreßtem Knoblauchsaft	aromatisieren.
1 Zwiebel	in Scheiben schneiden.
1 Bund Suppengrün	vorbereiten.
4 EL Olivenöl	erhitzen, Suppengrün, Zwiebelscheiben und Keule dazugeben, anbraten, mit
Salz und Pfeffer	würzen und mit
½ l Rotwein	ablöschen.
5 getrocknete Aprikosen	und
1 TL Rosmarin	dazugeben, Keule zudecken und unter mehrmaligem Begießen 60–70 Minuten braten. Nach 35 Minuten Bratzeit
¼ l saure Sahne	zugießen, nach Belieben auch noch
etwas Rotwein	und fertiggaren. Die Keule ist gar, wenn sich das Fleisch vom Knochen löst. Wenn notwendig, die Bratzeit verlängern. Nach Belieben die Soße binden. Dazu
1–2 TL Mondamin	mit
etwas Wasser	anrühren, zum Braten geben, einige Male aufkochen lassen und würzig abschmecken. Soße durchseihen. Braten aufschneiden und mit der Soße glasieren.

Auf dieselbe Art und Weise können auch Lammschlegel und Lammbug zubereitet werden. Bei Lammschlegel ist die Bratdauer ebensolang wie bei Keule, bei Lammbug etwa 60 Minuten. Dazu gibt es kleine gebratene Kartöffelchen und junges Gemüse.

Indisches Curryfleisch

1 TL Currypulver	mit
2 EL Sherry	verrühren, über
500 g geschnetzeltes Rindfleisch	geben und zugedeckt etwa eine Stunde durchziehen lassen.
	Für die Soße
1 kleine Zwiebel	und
1 mittelgroßen Apfel	schälen, die Zwiebel klein würfeln und den Apfel reiben.
50 g Fett	in einer Pfanne erhitzen, Zwiebelstückchen und geriebenen Apfel sowie
3 EL geraspelte getrocknete Kokosflocken	dazugeben und etwa 5 Minuten dämpfen.
2 gestrichene EL Mehl	und
1–2 EL Currypulver	daruntermischen,
3/8–1/2 l Wasser	unter Rühren zufügen und 15–20 Minuten bei geringer Hitze kochen lassen. Die Soße mit
1/8–1/4 l Sahne	verfeinern und nach Belieben noch mit
Salz und Zucker	abschmecken.
	Für das Fleisch
2–3 EL Öl	erhitzen, Geschnetzeltes dazugeben, anbraten,
1/8 l Sahne	zugießen und bei geringer Hitze etwa 15 Minuten leise kochen lassen.
3 EL geröstete Erdnüsse	daruntermischen.
	Das Fleisch in eine Schüssel geben und die Currysoße darüber anrichten. Dazu gibt es Reis mit Koriander, Salz und einem Hauch Anis nach indischer Art gewürzt.

Hasenbraten nordische Art

200 g getrocknete kernlose Pflaumen	über Nacht in wenig Wasser einweichen.
2 Hasenkeulen	mit Küchenpapier abreiben, mit
Salz und Pfeffer	würzen.
2 Zwiebeln	schälen und in Scheiben schneiden.
40–60 g Fett	erhitzen, Hasenkeulen und Zwiebeln dazugeben und anbraten. Mit

⅜ l Rotwein	ablöschen und zugedeckt in etwa 60 Minuten gar schmoren. Nach 30 Minuten die abgetropften Pflaumen und
⅛ l Sahne	dazugeben und fertig garen. Hasenkeulen aus der Soße nehmen und warm stellen.
1 gestrichenen TL Speisestärke	mit
Wasser oder Sahne	anrühren, Soße damit binden und mit
Senf	würzig abschmecken. Getrennt zu den Hasenkeulen reichen. Dazu gibt es Petersilienkartoffeln oder Kartoffelpüree mit Gemüse.

Hasen-Pasteten

100 g kernlose getrocknete Pflaumen	in kaltem Wasser etwa drei Stunden einweichen.
375 g Hasenklein	gut waschen, in kleinere Stücke schneiden und in
40 g heißem Fett	anbraten.
1 kleingehackte Zwiebel	mit anbraten. Etwas
Salz und Pfeffer	darüberstreuen, mit
¼ l Rotwein	auffüllen und zugedeckt in etwa 60 Minuten gar schmoren. Abgetropfte Pflaumen in kleine Stücke schneiden, 20 Minuten vor Ende der Garzeit dazugeben und mitschmoren lassen. Fleischstücke herausnehmen, von den Knochen lösen und in kleine Würfel schneiden. Soße mit angerührtem
Soßenbinder für dunkle Soßen	binden und mit
1 Likörglas Armagnac	verfeinern. Soße nur erwärmen, nicht mehr kochen lassen.
4–8 Blätterteigpasteten, fertig gekauft,	im vorgeheizten Backofen bei mittlerer Hitze (ca. 200 °C) etwa 15 Minuten wärmen, aufpassen, daß sie nicht dunkel werden, und das heiße Hasenfleisch mit etwas Soße einfüllen. Restliches Fleisch und die Soße gesondert dazu reichen.
Variante:	Anstatt Hasenfleisch kann auch Schweinefleisch verwendet werden.

Hackbraten Reforma

125 g getrocknete Aprikosen	einige Stunden in Wasser einweichen, abtropfen lassen und in Streifen schneiden.
50 g durchwachsenen Speck	in kleine Würfel schneiden und in
2 EL heißem Öl	anrösten.
500 g gemischtes Hackfleisch	mit
1 Beutel Hackbraten fix	nach Anweisung mischen, die abgetropften Aprikosenstücke dazugeben, einen Braten formen, in
Semmelbröseln	wenden und in
40 g heißem Bratfett	mit
1 in Scheiben geschnittenen Zwiebel	anbraten.
3/8 l Wasser	und
1/8 l Sahne	sowie etwas
Aprikosenwasser	zugießen und den Braten bei geringer Hitze etwa 50 Minuten braten.
1–2 TL Speisestärke	mit
wenig Wasser	glattrühren, die Soße binden und würzig mit
Salz und Pfeffer	abschmecken.
	Dazu serviert man körnig gekochten Reis oder Salzkartoffeln.

Erdnuß-Knödelchen

30 g ungesalzene Erdnüsse	klein hacken. Zu
500 g gemischtem Hackfleisch	geben und alles mit
1 Ei	und
1/2 TL Majoran	vermischen. Mit
Salz und Cayennepfeffer	würzig abschmecken. Mit nassen Händen etwa tennisballgroße Knödel formen. In kochendes Salzwasser einlegen und etwa 10 Minuten ziehen lassen.
2 Päckchen Currysoße	nach Anweisung mit
1/2 l Wasser	zubereiten, mit
1 TL Curry	und
etwas Zitronensaft	abschmecken. Die Fleischbällchen abgetropft in die Soße geben und erhitzen.
	Die Erdnuß-Knödelchen schmecken gut zu Teigwaren oder Reis.

Gefüllte Fleischbällchen

150–200 g entsteinte getrocknete Pflaumen	etwa zwei Stunden in wenig Wasser einweichen.
1 Brötchen	in
etwas Wasser	einweichen, ausdrücken und zerkleinern.
1 feingewiegte Zwiebel,	
1 Ei,	
1 Messerspitze Thymian	und
1 Messerspitze Oregano	sowie
1 EL Mandelstifte aus dem Beutel	zusammen mit dem ausgedrückten, zerkleinerten Brötchen zu
375 g gemischtem Hackfleisch	geben, gut vermengen und mit
Salz und Pfeffer	abschmecken. Mit nassen Händen Klößchen formen und in die Mitte jedes Klößchens eine eingeweichte, abgetropfte Pflaume geben. In einer Pfanne
40 g Bratfett	erhitzen und die Fleischklößchen knusprig braten. Dazu passen Bratkartoffeln.

Farmerklößchen in Lauchsoße mit Erdnüssen

375 g Bratwurstbrät	mit
3–4 Eiern	sowie
150 g grob gehackten, ungesalzenen Erdnüssen	und
3–4 EL Semmelbröseln	gut vermischen. Mit einem Teelöffel Klößchen abstechen und mit einem zweiten Teelöffel etwas formen.
Salzwasser	zum Kochen bringen, Klößchen einlegen und bei geringer Hitze in etwa 10 Minuten garen. Für die Soße
2 Stangen Lauch	putzen und das Weiße in Ringe schneiden.
½ l Wasser	erhitzen und mit
2 Schächtelchen Helle Soße	nach Anweisung die Soße zubereiten und die Lauchringe mitkochen lassen. Klößchen mit einem Schaumlöffel aus dem Wasser nehmen und in der weißen Soße anrichten. Dazu gibt es Teigwaren, Salzkartoffeln oder Reis.

Weihnachtsgans für Feinschmecker 6 Portionen

1 bratfertige Gans, 3–4 kg,	waschen, abtrocknen und innen mit
Salz und Pfeffer	würzen. Hals zunähen.
4 Äpfel	schälen, vierteln, Kerngehäuse entfernen, Äpfel in Würfel schneiden.
300–350 g entsteinte getrocknete Pflaumen	mit
Zitronensaft	säuern und mit
3 EL kleingehackten Mandeln oder Haselnüssen	und
2 Stengeln Beifuß	in die Gans füllen. Diese zunähen und außen mit
Salz	einreiben.
1 große Zwiebel	schälen, in Scheiben schneiden, mit der Gans in einen Bräter geben,
$\frac{1}{8}$–$\frac{1}{2}$ l heißes Wasser	zugießen und im vorgeheizten Backofen bei mittlerer Hitze (ca. 200 °C) $2\frac{1}{2}$–3 Stunden braten. Während der Bratzeit öfter begießen und die fette Haut der Gans mehrmals einstechen, damit das Fett austreten kann. Gans herausnehmen, in Stücke teilen, die Stücke wieder zur Form zusammenfügen und auf einer vorgewärmten Platte anrichten. Für die Soße den Bratenfond entfetten, Fett aufheben, noch etwas Wasser (damit es $\frac{1}{2}$–$\frac{3}{4}$ l Soße ergibt) nachgießen und
2 Schächtelchen Soße zu Geflügel	einrühren. Mit
$\frac{1}{8}$ l Crème fraîche oder saurer Sahne	und
3–4 EL Calvados	verfeinern. Soße gesondert dazu reichen.
Variante:	Unter die Soße noch 2 EL Preiselbeerkonfitüre rühren, dies gibt ihr einen feinen Geschmack.

Heilbuttschnitten Farmer Art

4 Portionen Heilbutt, je 250 g,	gut waschen, mit
Zitronensaft	beträufeln und 15 Minuten durchziehen lassen. Dann mit
Salz und Rosenpaprika	einreiben.
1 Zwiebel	schälen und klein hacken.
500 g Karotten	waschen, schaben, in Stifte schneiden.
100 g Butter	erhitzen, Zwiebelstückchen dazugeben und glasig dünsten. Die Karotten zufügen und
50 g kalifornische Rosinen	daruntermischen, Heilbuttschnitten darauflegen,
⅛ l Weißwein	dazugießen und zugedeckt bei geringer Hitze in 25 Minuten garen. Kurz vor Ende der Garzeit das Gemüse noch mit
4 EL Sahne	verfeinern und mit
Salz und Peffer	abschmecken. Heilbuttschnitten auf dem Gemüse anrichten und mit
2 EL ungesalzenen, hell gerösteten Erdnüssen	bestreuen.
Variante:	Fisch weglassen; das Gemüse unter gegarten Reis mischen und Bratwürste dazu reichen.

Reisgericht Liban

	Reichlich
Salzwasser	zum Kochen bringen,
2 Tassen Langkornreis	dazugeben, bei geringer Hitze 20 Minuten kochen und auf einem Sieb mit lauwarmem Wasser abschrecken und kurz abtropfen lassen.
250 g kleinwürflig geschnittenes Lamm- oder Rindfleisch	mit
1 geschälten, kleingeschnittenen Zwiebel	in
2–3 EL Olivenöl	anbraten. Mit
⅛ l Wasser	auffüllen und etwa 40 Minuten bei geringer Hitze schmoren lassen.
1 Apfel	schälen, vierteln, entkernen und in Scheibchen schneiden.
50 g getrocknete Feigen	und
1 geschälte Banane	ebenfalls in Scheiben schneiden.
2 EL Rosinen	waschen, abgetropft mit den Apfel- und Feigenstückchen dazugeben und mitschmoren lassen. Bananenscheiben erst in den letzten 10 Minuten der Garzeit zufügen. Das Fleisch mit
Meersalz	sowie
etwas Pfeffer	würzen und mit dem Obst unter den Reis mischen.

Rosinen-Mandel-Reis mit Kokosflocken

	Reichlich
Salzwasser	mit
1 Prise Safran	zum Kochen bringen.
2 Tassen Langkornreis	sowie
25 g gewaschene Rosinen	dazugeben und bei geringer Hitze 20 Minuten kochen lassen. Auf ein Sieb zum Abtropfen geben.
30 g Butter	in einer Pfanne erhitzen, Reis zufügen,
3 EL getrocknete Kokosflocken	daruntermischen und erwärmen. Reis in einer Schüssel anrichten und
2 EL geröstete Mandelstifte	darüber verteilen.
	Dazu passen Koteletts, Schnitzel oder Geflügel.

Bunter Reis nach Birgit

1 l Wasser	mit
1 Brühwürfel	zum Kochen bringen.
200 g Naturreis	dazugeben und bei geringer Hitze 30 Minuten kochen lassen.
2 EL Öl	in einer Pfanne erhitzen,
350 g geschnetzeltes Schweinefleisch	unter Rühren etwas anbraten, mit
¼ l Sahne	auffüllen und bei geringer Hitze 10 Minuten schmoren lassen. Nach Geschmack mit
Salz	und
Curry	würzen.
20 g Mandelstifte	sowie
1 TL gewaschene Rosinen	und
1 kleingeschnittene Pfirsichhälfte aus der Dose	daruntermischen und weitere 5 Minuten schmoren lassen. Den Reis auf einem Sieb mit lauwarmem Wasser kurz abschrecken und mit
Curry	würzen. Bergartig auf einer größeren Platte anrichten und darum herum dann das Geschnetzelte mit dem Obst verteilen.

Rosinen-Reisklößchen

1 l Wasser	mit
1 Fleischbrühwürfel	zum Kochen bringen,
200 g Naturreis	zufügen und bei geringer Hitze etwa 30 Minuten quellen lassen. Reis auf ein Sieb geben, mit lauwarmem Wasser übergießen und abtropfen lassen.
1 Handvoll Rosinen	waschen und
50 g gekochten Schinken	in kleine Würfel schneiden. Beides unter den Reis mischen. Mit einem Eßlöffel Klößchen abstechen,
2 Eier	verquirlen und die Klößchen zuerst darin und dann in
Semmelbröseln	wenden.
Backfett	in einer Pfanne erhitzen, Klößchen hineingeben und zu schöner Farbe backen. Dazu serviert man beliebigen Salat.

Dattelknödel mit Kokosflocken

500 g am Vortag gekochte Kartoffeln schälen, durch die Kartoffelpresse drücken und mit

150 g Mehl,
30 g Margarine,
2 Eiern sowie
1 Prise Salz zu einem glatten Teig verarbeiten. Mit nassen Händen Knödelchen formen. Von etwa

12 Datteln die Haut abziehen, die Früchte einschneiden und den Kern entfernen.

12 Mandeln in kochendheißes Wasser legen, die Haut abziehen und in jede Dattel eine Mandel geben. Jedes Knödelchen mit einer Mandel-Dattel füllen, in kochendes

Salzwasser einlegen und bei geringer Hitze im offenen Topf etwa 10 Minuten ziehen lassen. Knödelchen abgetropft in

150 g getrockneten, in Butter gerösteten Kokosflocken wenden.

Dazu paßt gut Weinsoße oder Vanillesoße.

Gemüsegerichte

Feinschmeckergemüse mit Erdnüssen

250 g Blumenkohlröschen	und
250 g Karotten	waschen, Blumenkohlröschen abtropfen lassen, Karotten schaben und in Scheiben schneiden. Von
2 Stangen Lauch (Porree)	das Weiße waschen und abgetropft in Ringe schneiden.
40 g Butter oder Margarine	in einem flachen Topf erhitzen, das Gemüse darin kurz andünsten, mit
Salz	würzen,
1 Lorbeerblatt	dazugeben, mit
⅛ l Gemüse-Hefebrühe (aus dem Reformhaus)	auffüllen und zugedeckt bei geringer Hitze etwa 10 Minuten garen. Dann
300 g tiefgefrorene Erbsen	daruntermischen und wieder zum Kochen bringen.
200 g Dosenmilch, 12 %	mit
2 Eigelb	verrühren, mit
Salz	würzen, über das Gemüse gießen und ohne umzurühren stocken lassen.
50 g Erdnüsse	ohne Fett in einer Pfanne unter Wenden rösten und über dem Gemüse anrichten. Wer über einen chinesischen Wok verfügt, kann das Gemüse darin garen und auch servieren.

Grünkohl mit Erdnüssen

1 kg Grünkohl	entstielen, die dicken Blattrippen entfernen, Gemüse einige Male gut waschen, abtropfen lassen und klein hacken.
30 g Butter oder Margarine	erhitzen,
1 kleingehackte Zwiebel	dazugeben, hell rösten, Grünkohl zufügen, andünsten, mit
¼ l Würfelbrühe	auffüllen und etwa 20 Minuten kochen lassen. Gemüse mit
Salz	und
Pfeffer	sowie
geriebener Muskatnuß	würzig abschmecken, nach Belieben noch mit
½ Tasse Dosenmilch	verfeinern.
1–2 EL geröstete Erdnüsse	daruntermischen oder das angerichtete Gemüse damit garnieren.

Gurkengemüse mit Mandelschaum

2 kleinere Salatgurken	waschen, schälen, der Länge nach halbieren, Kerne mit einem Löffel herausnehmen und die Gurken in dicke Scheiben schneiden.
50 g Butter	erhitzen,
1 feingewiegte Zwiebel	dazugeben, glasig dünsten, Gurkenscheiben zufügen, etwas
Salz	darüberstreuen und bei geringer Hitze etwa 20 Minuten dünsten.
40–50 g Butter oder Margarine	in einer Pfanne erhitzen,
50 g geschälte, gemahlene Mandeln	zufügen, unter Rühren ganz hell anrösten, keinesfalls dunkel werden lassen, und
⅛ l Gemüse-Hefebrühe (aus dem Reformhaus)	dazugießen.
1 Eigelb	mit
1 EL Wasser	verquirlen, die Soße damit binden und mit
Pfeffer und Zitronensaft	abschmecken.
⅛ l Sahne	steif schlagen und vor dem Anrichten darunterheben. Das Gurkengemüse mit
2 EL kleingehacktem Dill	darüber anrichten und den Mandelschaum gesondert dazu reichen.

Zucchini mit Walnüssen. Rezept S. 49

0,25

Zucchini mit Walnüssen

500 g junge Zucchini	gut waschen, in nicht zu dünne Scheiben schneiden, in
siedendes Salzwasser	geben und nicht länger als 5 Minuten bei geringer Hitze kochen. Zucchini auf einem Sieb abtropfen lassen.
60–80 g Butter	erhitzen, Zucchinischeiben dazugeben und darin schwenken.
2 EL süße Sahne	zufügen,
2–3 EL kleingehackte Petersilie	daruntermischen und das Gemüse mit
Salz und Pfeffer	würzig abschmecken.
2 EL kleingehackte Walnüsse oder gemischte Nüsse	darüber anrichten.
	Dazu gibt es körnig gekochten Naturreis.

Tessiner Rotkraut

1 kg Rotkraut	vorbereiten und in feine Streifen hobeln.
60 g Fett	erhitzen, Rotkraut dazugeben,
Salz	und
1 TL Zucker	darüberstreuen, mit
1/8–1/4 l Traubensaft	auffüllen und bei geringer Hitze in 60 Minuten garen.
50 g Korinthen	waschen, abgetropft dazugeben und mitkochen lassen. Ganz zuletzt mit
2 EL Weinessig	abschmecken.
Variante:	Säuerlichen Apfel schälen, vierteln, Kernhaus entfernen, Apfel in kleine Stückchen schneiden und mit 150 g entkernten getrockneten Pflaumen mitkochen lassen.
	Dazu serviert man Braten oder Geflügel und Klöße.

Exoten-Salat. Rezept S. 56

Interessante Salate

Rohkostsalat mit Joghurt-Kräutersauce

50 g Spinatblätter	waschen und trocken schleudern.
1 Stange Porree	putzen, waschen und in hauchdünne Ringe schneiden.
150 g Karotten	und
150 g Sellerie	sowie
1 Kohlrabi	schälen. Karotten und Sellerie raspeln, Kohlrabi vierteln, in dünne Scheiben schneiden, alle Zutaten in eine Schüssel geben und vermischen.
2 Sanoghurt,	
2–3 EL Kräuteressig,	
Salz, Pfeffer	und
3 EL Sojaöl	verrühren,
je 1 EL gehackten Dill,	
gehackte Petersilie	und
Schnittlauchröllchen	erst kurz vor dem Servieren unter die Salatsoße mischen. Soße über den Salatzutaten verteilen und mit
2 EL grobgehackten Haselnüssen	oder
Mandeln	bestreuen.

Spinatsalat mit Pinienkernen

	Von
200 g jungen Spinatblättern	die Stiele entfernen, Blätter gut waschen und trocken schleudern.
1 Zwiebel	schälen, fein wiegen und mit
2 EL Pinienkernen	zu dem Spinat geben.
3 EL Keimöl	mit
1–2 EL Weinessig	und
Salz	sowie
Zitronenpfeffer	verrühren und über den Spinat gießen. Vorsichtig daruntermischen. Nicht lange stehenlassen, am besten sofort auf den Tisch bringen.
Variante:	Salat mit hartgekochten Eivierteln oder gerösteten Brotwürfelchen garnieren.

Schneller Salat-Leckerbissen

2 grüne Paprikaschoten	gut waschen, Stiel, Kerne und die weißen Scheidewände entfernen, Schoten dann in dünne Streifen schneiden.
200 g Schafskäse	in kleinen Stückchen dazugeben.
1 Fleischtomate	gut waschen, die Haut abziehen, vierteln, Kerne herausnehmen, Tomate klein schneiden.
15 paprikagefüllte spanische Oliven	halbieren, mit den Tomaten- und Käsestückchen sowie
2 EL feingewiegter Zwiebel	und
2 EL Mandelstiften	zu den Paprikaschoten geben und alles gut vermischen. Mit
frisch gemahlenem Pfeffer	würzen.
	Aus
6 EL Olivenöl	und
1 EL Weinessig	sowie
½ TL Zucker	eine Marinade rühren, über die Salatzutaten gießen und leicht vermischen. Vor dem Anrichten etwas durchziehen lassen. Dazu gibt es Weißbrot und – wie es im Süden üblich ist – Rotwein.

Bohnen-Zucchini-Salat

500 g feine grüne Bohnen	in
Salzwasser	»mit Biß« garen, etwa 15 Minuten kochen, abgießen, kalt abschrecken und abtropfen lassen.
500 g Zucchini	ungeschält gut waschen, in ½ cm dicke Längsscheiben und dann in bohnenlange Stifte schneiden.
Salzwasser	zum Kochen bringen, Zucchini etwa zwei Minuten – nicht länger – blanchieren, mit kaltem Wasser abschrecken und abtropfen lassen. Bohnen und Zucchini in eine Schüssel geben,
200 ml Saladesa mit Joghurt	darübergeben und durchziehen lassen.
3–4 grobgehackte geröstete Erdnußkerne	darüberstreuen.

Amerikanischer Salat

1 kleine gekochte Sellerieknolle	in Scheiben oder Stifte schneiden.
2 Äpfel	schälen, vierteln, Kernhaus herausnehmen und die Äpfel in kleine Stücke zerteilen.
1 Banane	schälen und in Scheiben schneiden. Alles in eine Schüssel geben.
2 EL gewaschene Sultaninen	und
2–3 EL grobgehackte Nüsse	zufügen.
200 g Salatmayonnaise	mit
3–4 EL Joghurt	verrühren und mit
Salz	sowie
Pfeffer	und
Zitronensaft	abschmecken. Über die Salatzutaten verteilen und daruntermischen.

Wintersalat mit Vitaminen

150 g Feldsalat	vorbereiten, waschen und gut abtropfen lassen, besser noch trocken schleudern. Von
2 Chicoréestauden	den unteren bitteren Keil herausschneiden, schlechte Blätter entfernen und die Stauden in dünne Streifen schneiden.
50 g Walnüsse	oder
Haselnüsse	grob hacken und mit dem Chicorée zu dem Feldsalat geben. Für die Marinade
⅛ l süße Sahne	mit
2 EL Öl	sowie
2 EL Estragonessig	oder anderem
Kräuteressig,	
Salz, Pfeffer	und
Zucker	verrühren und abschmecken. Den Salat mit der Marinade übergießen und gut mischen. Mit
4 Walnußhälften	garnieren.

Putenbrustsalat mit Datteln

500 g gebratene Putenbrust	in mundgerechte Stücke schneiden.
4–6 Datteln	aufschneiden, Kerne entfernen, die Haut abziehen, Datteln in Längsstreifen schneiden.
1 Orange	schälen, die weiße Haut sorgfältig entfernen, die Fruchtfleischfilets in kleine Stücke schneiden, den Saft auffangen und zurückbehalten.
150 g Ananaswürfel	mit den Orangenstückchen und den Datteln zu dem Putenfleisch geben.
3 EL Salatmayonnaise	mit
2 EL Crème fraîche	und
2 EL zurückbehaltenem Orangensaft	verrühren, mit
Salz, Pfeffer und Worcestersauce	kräftig abschmecken und unter die Salatzutaten heben.
4 knackige Salatblätter	waschen, trocken schleudern, auf 4 Glastellerchen auslegen, den Geflügelsalat darauf verteilen und mit
1 EL feingehackten Walnüssen	garnieren.

Exoten-Salat

350 g gebratenes Hühnerfleisch (Rest)	in kleine Stücke schneiden.
4 EL Mandarinenspalten	abtropfen lassen.
6 Cashewnüsse	grob hacken und mit den Mandarinen zu dem Hühnerfleisch in eine Schüssel geben.
2 Kiwis	schälen und in dünne Scheiben schneiden. Zum Garnieren auf die Seite stellen.
2 Avocados	der Länge nach halbieren, Kern entfernen, Fruchtfleisch herauslösen, mit einer Gabel zerdrücken, mit
1½ Becher Sanoghurt oder Dickmilch	vermischen und mit
Salz	und
Peffer	sowie
2–3 EL Weinbrand	verrühren, dann abschmecken und unter das Hühnerfleisch mit Obst mischen. Den Salat mit den zurückbehaltenen Kiwischeiben garnieren.

Geflügelsalat exquisit

	Von
350 g gekochtem Hühnerfleisch	die Haut abziehen und das Fleisch in kleine Stücke schneiden.
75 g gewaschene Rosinen oder Sultaninen	abgetropft dazugeben.
2 saftige Äpfel	schälen, vierteln, Kerngehäuse entfernen, Äpfel in dünne Scheibchen schneiden und daruntermischen.
6 EL Salatcreme (Fertigprodukt)	mit
1 Joghurt	verrühren, mit
Zitronensaft	abschmecken und die Salatzutaten daruntermischen.
	Mit
2 EL kleingehackten Erdnüssen	garnieren.

Bunter Reissalat

100 g Naturreis	in kochendes Salzwasser geben und bei geringer Hitze 30–35 Minuten kochen lassen. Auf ein Sieb zum Abtropfen geben und erkalten lassen. Von
½ Honigmelone	die Kerne mit einem Löffel herausnehmen, das Fruchtfleisch auslösen und in kleine Stücke schneiden.
125 g rohen Schinken, in Scheiben	in dünne Streifen schneiden und mit
1 EL gehackten Pistazien	oder
grobgehackten Walnüssen	und den Melonenstückchen unter den Reis mischen. Für die Marinade
3 EL Apfelessig	sowie
Salz, Zitronenpfeffer	und
4 EL Keimöl	verrühren, abschmecken, zu den Salatzutaten geben und daruntermischen. Salat kühl stellen und etwas durchziehen lassen.
50 g Eissalat oder Eichblattsalat	vorbereiten, gut waschen, abtropfen lassen und erst kurz vor dem Anrichten unter den Reissalat mischen.

Indischer Reissalat

120 g Naturreis	in siedendes Salzwasser geben und bei geringer Hitze etwa 30 Minuten kochen lassen. Auf einem Sieb abtropfen und erkalten lassen.
1 Apfel	schälen, Kernhaus entfernen und dann den Apfel in Stifte schneiden.
50 g eingeweichte und abgetropfte Rosinen	mit den Apfelstückchen zu dem Reis geben.
4 Para- oder Cashewnüsse	grob hacken und auch dazugeben.
2 EL Salatmayonnaise,	
1 Tasse Joghurt,	
Zitronensaft,	
Zitronenpfeffer	und
Salz	verrühren, abschmecken, über die Salatzutaten gießen und daruntermischen. Vor dem Anrichten gut durchziehen lassen.

Maronensalat

200 g Maronen (Edelkastanien) aus der Dose	abtropfen lassen und in dünne Scheiben schneiden.
200 g Reste von einem Hasenbraten	von den Knochen lösen und klein würfeln.
150 g rohe oder gekochte Selleriescheiben	in Stifte schneiden.
30 g gehackte Pistazien	mit dem Sellerie und dem Hasenfleisch zu den Maronen in eine Schüssel geben. Aus
3 EL Weinessig,	
3–4 EL Keimöl,	
Salz	und
Zitronenpfeffer	eine Marinade rühren, über die Salatzutaten gießen und daruntermischen.
Variante:	Zur Abwechslung kann unter den Salat noch ein kleingeschnittener Apfel gemischt werden.

Salat Reinette

4 säuerliche Äpfel	schälen, vierteln, Kerngehäuse entfernen und die Äpfel in kleine Stücke schneiden.
150 g Edamer Käse	würfeln oder in Stifte schneiden.
100 g blaue Trauben	gut waschen, einmal durchschneiden und die Kerne entfernen. Alles in eine Schüssel geben und vermischen.
50 g Walnüsse	grob hacken.
2 EL Sonnenblumenöl	oder
Kaltpreßöl	sowie
2–3 EL Zitronensaft	und je
1 Prise Salz, Pfeffer	und
etwas Zucker	gut verrühren, abschmecken und die Salatzutaten daruntermischen. Etwas durchziehen lassen.

Emmentaler Obstsalat

250 g Pflaumen	waschen, halbieren, entsteinen und vierteln.
2 Äpfel	und
1 Birne	schälen, Kerngehäuse entfernen und das Fruchtfleisch in dünne Scheiben schneiden.
200 g Emmentaler Käse	klein würfeln.
2 EL Walnußkerne	und
4–5 Paranüsse	grob hacken. Das Obst mit dem Käse und den Nüssen mischen und in einer Glasschale anrichten.
1 Becher Sanoghurt	mit
2 EL Zitronensaft	sowie
1 EL Zwetschgenwasser	und je
1 Prise Zucker	und
Salz	verrühren, abschmecken und über die Salatzutaten verteilen.

Orangensalat mit Käse-Dressing

6 Orangen	schälen, die weiße Haut sorgfältig abziehen, Orangen in Spalten teilen und die Spalten in kleinere Stücke schneiden. Saft auffangen. Mit
wenig Zucker	und
4–6 EL Weinbrand	abschmecken. In den Kühlschrank stellen. Für die Marinade
250 g Danablu (Dänischer Pilzkäse)	durch ein Haarsieb streichen,
⅛ l Milch	oder
Sahne	mit dem aufgefangenen
Orangensaft	zu einer Creme verrühren.
1 TL kleingeschnittenen Schnittlauch	sowie
1 TL kleingehackte Petersilie	und
1 TL kleingehackten Kerbel	unter die Käsecreme mischen.
50 g gehackte Pistazien	über die Orangen verteilen und die Marinade gesondert dazu reichen.

Pikante und süße Aufläufe

Kabeljaufilet auf Spinat à la Meran

4 Kabeljaufilets à 200 g	säubern, mit
Zitronensaft	beträufeln, mit
Salz und Pfeffer	bestreuen.
40 g Fett	in einer Pfanne erhitzen und die Fischfilets von beiden Seiten 15–20 Minuten braten.
1 Paket Tiefkühlspinat, 600 g,	mit wenig Wasser bei geringer Hitze auftauen.
2 Knoblauchzehen	zerdrücken und mit
2 EL kleingehackter Petersilie	in
2 EL heißem Öl	dämpfen und zu dem Spinat geben.
	Das Gemüse mit
etwas Meersalz	und
4 EL Dosenmilch oder Sahne	abschmecken, noch
50 g Walnußstückchen	und
1–2 EL gewaschene Rosinen	unterrühren und in eine mit
Butter oder Margarine	gefettete Auflaufform geben.
	Die gebratenen Fischfilets darauflegen, mit
4 Scheiben Edamer oder Emmentaler Käse	abdecken und im vorgeheizten Backofen bei mittlerer bis guter Hitze (200–220 °C) überbacken, bis der Käse zu schmelzen anfängt.
	Dazu gibt es Kartoffelkroketten.

Orientalisches Fischgericht

200 g Rundkornreis	mit einem Tuch abreiben und in
3 EL heißem Öl	glasig dünsten.
½ l Würfelbrühe	dazugießen und bei geringer Hitze etwa 30 Minuten ausquellen lassen.
1 TL kleingeschnittenes Mango Chutney	darunterrmischen und mit
Curry	abschmecken. Eine Auflaufform mit
Butter oder Margarine	fetten und den Reis einfüllen.
4 Fischfilets, je 100–125 g,	säubern, tiefgekühlte Filets antauen lassen, dann mit
Zitronensaft	beträufeln und mit
Salz und Pfeffer	würzen.
3 EL Öl	in einer Pfanne erhitzen, Fischfilets beidseitig kurz anbraten, herausnehmen und auf den Reis legen. Etwas
Curry	zu dem Pfannenfond geben,
1/10 l Sahne	dazugießen, Pfannenfond loskochen,
3–4 EL gemahlene ungesalzene Erdnüsse	unterrühren, aufkochen lassen, würzen und über die Fischfilets verteilen.
1 Banane	schälen, in Scheiben schneiden und den Auflauf damit abdecken. Das Gericht im vorgeheizten Backofen bei mittlerer Hitze überbacken. Elektro 200 °C Gas Stufe 3 Backzeit: etwa 30 Minuten. Mit
einigen Ananaswürfeln	garnieren.

Außergewöhnlicher Kartoffelauflauf

250 g getrocknete Pflaumen	über Nacht in etwas Wasser einweichen, dann abtropfen lassen und entsteinen. Soviel
Mandeln wie Pflaumen	in heißes Wasser legen, die Haut abziehen und die Pflaumen mit den Mandeln füllen.
750 g gekochte Kartoffeln vom Tag vorher	schälen und durch die Presse drücken.
⅛ l Milch	und
etwas Meersalz	sowie
1 Eigelb	und den steifen Schnee von
2 Eiweiß	darunterrühren. Eine Auflaufform mit
Butter oder Margarine	fetten, mit
2 EL Semmelbröseln	bestreuen, die Hälfte der Kartoffelmasse einfüllen, darüber die mit Mandeln gefüllten Pflaumen und
3–4 EL saure Sahne	verteilen. Mit der restlichen Kartoffelmasse abdecken. Einige
Butterflöckchen	daraufsetzen und den Auflauf bei mittlerer Hitze backen. Elektro 200–220 °C Gas Stufe 3–4 Backzeit: etwa 30 Minuten.
3 EL Semmelbrösel	mit
1 EL gemahlenen Mandeln	vermischen und mit
1 Stück Butter	in einer Pfanne hell rösten. Über dem heißen Auflauf verteilen und anrichten.

Auflauf Colombo

	Reichlich
Salzwasser	mit
1 Prise Safran	zum Kochen bringen,
200 g Langkornreis	dazugeben und bei geringer Hitze 20 Minuten kochen lassen. Auf einem Sieb mit lauwarmem Wasser überspülen und abtropfen lassen.

1–2 TL Mango-Chutney	in kleine Stücke schneiden und mit
3 EL gehackten Nüssen	unter den Reis mischen,
gekochte oder gebratene Geflügelreste	in kleine Würfel schneiden.
2 Boskop-Äpfel	schälen, vierteln, Kerngehäuse entfernen, Äpfel in kleine Stücke schneiden. Eine Auflaufform mit
Butter oder Margarine	ausfetten und im Wechsel mit Reis, dem Geflügelfleisch und den Apfelstückchen füllen. Den Auflauf bei mittlerer Hitze im Backofen backen. Elektro 200 °C Gas Stufe 3 Backzeit: etwa 30 Minuten. Mit gewaschenen
blauen Weintrauben	garnieren.

Quark-Grieß-Auflauf

2–3 Eigelb	mit
60 g Zucker	schaumig rühren,
5 EL feinen Grieß	sowie
500 g Quark, 20 %,	und
1 TL Backpulver	daruntermischen.
50 g kalifornische Rosinen	mit
2 EL Mandelstiften	dazugeben.
3 Eiweiß	steif schlagen und darunterheben.
3 Orangen	schälen, weiße Haut sorgfältig entfernen, Früchte in Scheiben schneiden, Kerne entfernen und abwechselnd mit
4–6 Scheiben Ananas	und der Grießmasse in eine mit
Butter oder Margarine	gefettete Auflaufform geben.
1 Banane	schälen, in Scheiben schneiden, darauflegen und den Auflauf bei mittlerer Hitze backen. Elektro 200 °C Gas Stufe 3 Backzeit: etwa 40 Minuten. Über den heißen Auflauf
4 EL Eierlikör	verteilen und sofort auf den Tisch bringen.

St. Gilgener Kirschauflauf

250 g Vollkornbrot	in Scheiben schneiden, im Toaster rösten und auf Alufolie mit dem Rollholz zerbröseln.
3–4 Eier	trennen und die Eidotter mit
125 g Zucker	schaumig rühren. Zerbröseltes Brot,
125 g gemahlene Nüsse,	
1 Messerspitze gemahlene Nelken,	
1 gestrichener TL Zimt	und
1 kleine Tasse Rotwein	daruntermischen und mit
2 EL Kirschwasser	verfeinern.
750 g entsteinte Kirschen	darunterrühren.
	Das Eiweiß steif schlagen und unterheben.
	Kirschmasse in eine mit
Butter oder Margarine	gefettete Auflaufform füllen und bei mittlerer Hitze backen.
	Elektro 200 °C
	Gas Stufe 3
	Backzeit: 40–50 Minuten.
	Den heißen Auflauf mit
Puderzucker	bestreuen.
	Dazu eine Vanillesoße reichen.

Kirschen-Grieß-Auflauf

1 l Milch	zum Kochen bringen,
100 g Grieß	unter Rühren einrieseln und 8–10 Minuten quellen lassen.
2 Eier	trennen und die Eidotter unter den etwas abgekühlten Grieß rühren.
	Eiweiß steif schlagen und darunterheben.
1 Glas entsteinte Kirschen	abtropfen lassen und in eine mit
Butter oder Margarine	gefettete Auflaufform geben. Die Hälfte der Grießmasse darüber verteilen, dann
4 EL Johannisbeergelee	mit
2 EL Weinbrand	vermischt daraufstreichen und mit der restlichen Grießmasse abdecken.
	Den Auflauf mit

50 g gehackten Haselnüssen oder Mandeln	bestreuen, mit
2 EL Butterflöckchen	belegen und im vorgeheizten Backofen bei Mittelhitze backen. Elektro 180 °C Gas Stufe 2 Backzeit: etwa 40 Minuten.

Aprikosenauflauf

350 g getrocknete Aprikosen	über Nacht nur in so viel Wasser einweichen, daß sie gut bedeckt sind. Am nächsten Tag in eine mit
Butter oder Margarine	gefettete flache Auflaufform legen.
40 g Mandelstifte	darüber verteilen.
3 Eidotter	mit
50 g Zucker	schaumig rühren,
50 g Mehl	zusammen mit
30 g gemahlenen Mandeln	oder
Haselnüssen	und
4–6 EL Milch	zufügen und zu einem glatten Teig rühren.
3 Eiweiß	zu steifem Schnee schlagen, unter die Eimasse ziehen, über dem Obst verteilen und mit einigen
Butterflöckchen	belegen. Den Auflauf im vorgeheizten Backofen bei mittlerer Hitze backen. Elektro 200 °C Gas Stufe 3 Backzeit: 30–40 Minuten. Dazu serviert man eine Vanillesoße.

Braun-gelber Reisauflauf

100 g getrocknete Aprikosen,	
100 g getrocknete Pflaumen,	
50 g getrocknete Apfelringe	über Nacht in Wasser einweichen.
200 g Naturreis	in warmem Wasser waschen und abtropfen lassen.
1 l Milch	mit
½ l Wasser	zum Kochen bringen, Reis dazugeben, bei schwacher Hitze etwa 25 Minuten ausquellen und dann abtropfen lassen.
	Mit
50 g braunem oder weißem Zucker	abschmecken.
	Eine Auflaufform mit
Butter oder Margarine	einfetten und lagenweise den Reis im Wechsel mit den abgetropften Trockenfrüchten einfüllen. Mit Reis abdecken.
2–3 Eidotter	mit
1½ Tassen Milch	verquirlen und darübergießen.
	Den Auflauf in den vorgeheizten Backofen schieben und backen. Elektro 200 °C Gas Stufe 3 Backzeit: etwa 20 Minuten.
2–3 Eiweiß	steif schlagen,
30 g Puderzucker	und
50 g gemahlene Haselnüsse	darunterziehen, über dem Auflauf verteilen und bei Oberhitze noch etwa fünf Minuten überbacken.

Karamelreis mit Apfelschnee

350 g Rundkornreis	waschen und abtropfen lassen.
1½ l Milch	mit
1 Prise Salz	zum Kochen bringen, Reis dazugeben, bei geringer Hitze 30 Minuten quellen lassen und dann
etwa 3 EL Rum	darunterrühren.
30 g Butter	in einer Pfanne erhitzen,
50–60 g Zucker	dazugeben und unter Rühren bräunen. Pfanne von der Kochstelle nehmen,
Saft einer Zitrone	und
3 EL Orangensaft	darunterrühren. Karamelmasse unter den gegarten Reis mischen.
750 g Äpfel	schälen, vierteln, Kerngehäuse entfernen, Äpfel in Scheiben schneiden und in
wenig Wasser	weichdämpfen. Anschließend durch ein Sieb passieren, das Mus nach Geschmack mit
Zucker	süßen und
30 g gemahlene Haselnüsse oder Nußmischung	daruntergeben.
2 Eiweiß	steif schlagen und darunterheben. Eine Auflaufform mit
Butter oder Margarine	einfetten, abwechselnd mit dem Reis und dem Apfelschnee füllen und in den vorgeheizten Backofen schieben. Den Auflauf bei mittlerer Hitze backen. Elektro 200 °C Gas Stufe 3 Backzeit: etwa 40 Minuten.

Salzburger Auflauf

50 g getrocknete Feigen	in dünne Scheiben schneiden,
etwas Rotwein	darübergießen und einige Stunden zugedeckt durchziehen lassen.
250 g Milchreis	gut waschen und abtropfen lassen.
1 l Milch	zum Kochen bringen, Reis mit
1 Prise Salz	dazugeben und bei geringer Hitze 30 Minuten ausquellen lassen.
50 g Butter	mit
2–3 Eidotter	schaumig rühren und mit den Feigen sowie
1 Schuß Weinbrand	und
50 g gemahlenen Nüssen oder Mandeln	unter den Reis mischen.
3 Eiweiß	steif schlagen und darunterheben.
	Eine Auflaufform mit
Butter oder Margarine	einfetten, mit
Semmelbröseln	bestreuen, Reismasse einfüllen, in den vorgeheizten Backofen schieben und bei mittlerer Hitze backen. Elektro 200 °C Gas Stufe 3 Backzeit: etwa 45 Minuten.

Eierkuchenauflauf mit Aprikosen

500 g Quark, 20 %	mit
3–4 EL braunem Zucker oder Fruchtzucker	süßen.
2 EL australische Sultaninen	mit
4 EL Joghurt	darunterrühren.
4 Eierkuchen	mit der Quarkmasse bestreichen, so gut es geht zusammenrollen, einmal durchschneiden und in eine mit
Butter oder Margarine	gefettete Auflaufform geben.
6 reife Aprikosen	waschen, kurz in

1 Paket tiefgekühlte Kartoffelpuffer	nach Anweisung Kartoffelpuffer in
heißem Fett	knusprig braten. Die Quarkcreme darüberstreichen und das Frucht-Nuß-Mus darauf verteilen. Sofort servieren.
Variante:	Anstelle von Kartoffelpuffern schmeckt die Kombination von Quarkcreme und Frucht-Nuß-Mus auch gut zu Buchweizenpfannkuchen.

Gerichte mit Maronen

Gedünstete Maronen

500 g Maronen (Eßkastanien) kreuzweise an der Spitze einschneiden, in *kochendes Wasser* geben und so lange darin ziehen lassen, bis sich Schale und Haut entfernen lassen. Die Kochzeit beträgt etwa 15 Minuten. Die Maronen kurz abtropfen lassen, die Schale und die darunterliegende Haut ablösen. Oder die eingeschnittenen Maronen mit der Schale auf ein Backblech legen, im heißen Backofen aufspringen lassen und dann von Schale und Haut befreien.

35 g Butter zergehen lassen,

1–2 TL Zucker darin leicht bräunen, Maronen zufügen und bei schwacher Hitze etwa fünf Minuten andünsten.

⅛ l Fleischbrühe und

6 EL Madeira zugießen, zum Kochen bringen und bei geringer Hitze etwa 30 Minuten dünsten.

Mit

Salz und Pfeffer abschmecken und die Maronen dann im Mixer pürieren. (Die Maronen können auch vor dem Abschmecken im Mixer püriert werden.)

Zusätzlich noch mit

Salz, Pfeffer und nach Belieben auch noch mit

Zitronensaft würzen. Gibt man

⅛ l steif geschlagene Sahne darunter, wie es in der Schweiz üblich ist, dann sind die Maronen eine geschätzte Beilage zu Wildgerichten. Ohne Schlagsahne ist Maronenpüree eine beliebte Füllung für Gans und Ente.

Geröstete Maronen

500 g Maronen (Eßkastanien)	waschen, kreuzweise einschneiden, ohne Fett auf ein Blech geben und im Backofen bei mittlerer Hitze so lange rösten, bis die Schalen platzen. Schalen und braune Häute ablösen. Elektro 200 °C Gas Stufe 3 Röstzeit: 15–20 Minuten. Geröstete Maronen werden im Herbst gerne zu einem Glas Rotwein gereicht und sind ein beliebter Leckerbissen, der ganz schön sättigt.

Schweizer Mangoldgericht mit Maronen

1 kg Mangold	entstielen, gut waschen, in kochendes
Salzwasser	geben, kurz aufkochen und dann abtropfen lassen. Die Blätter klein hacken.
30–40 g Butter	erhitzen,
1 feingewiegte Zwiebel	dazugeben und glasig dünsten. Kleingehackte Mangoldblätter zufügen, kurz mitdünsten, dann
1/8–1/4 l Fleischbrühe	dazugießen und das Gemüse mit
Salz, Pfeffer	und
Muskat	würzig abschmecken.
100–125 g Maronen	an der Spitze kreuzweise einschneiden, in kochendes
Wasser	geben, etwa 10 Minuten ziehen lassen, bis die Schalen aufspringen. Schalen und Häutchen entfernen.
25 g Butter oder etwas mehr	erhitzen, Maronen darin schwenken und mit
Salz und Pfeffer	würzen. Um das Mangoldgemüse oder in der Mitte des Gemüses anrichten.

Rotkraut auf französische Art

200 g Maronen	waschen, kreuzweise oben einschneiden und in Wasser zugedeckt etwa 20 Minuten kochen. Maronen abgießen, die Schalen und die innere braune Haut sorgfältig entfernen.
1 kleinen Kopf Rotkraut (ca. 1 kg)	vorbereiten. Kopf vierteln, Strunk herausschneiden und die Blätter in feine Streifen schneiden, besser noch hobeln.

60 g Schweineschmalz	erhitzen, zum Kraut
1 Prise Salz,	
1–2 TL Zucker,	
1 Messerspitze Zimt	und
⅛ l Wasser oder Brühe	dazugeben und in etwa 60 Minuten bei geringer Hitze gar dünsten. Nach 30–40 Minuten Dünstzeit die Maronen zufügen und mitkochen lassen. Zuletzt das Gemüse mit Salz und Zukker sowie
Pfeffer	abschmecken.
	Wer es süß-sauer liebt, gibt noch
2–3 EL Weinessig	dazu.
Variante:	Statt frischer Maronen können auch Maronen aus der Dose verwendet werden.

Maronenauflauf

500 g Maronen	20 Minuten in Wasser kochen. Maronen herausnehmen, mit einem scharfen Messer einritzen, aus der Schale lösen und die innere braune Haut sorgfältig entfernen.
½ l Wasser	zum Kochen bringen, die geschälten Maronen einlegen, bei geringer Hitze in etwa 20 Minuten weichdünsten und pürieren.
125 g Butter	mit
100 g Zucker	und
4 Eigelb	schaumig rühren.
2 gedünstete Birnenhälften	in kleinere Stücke schneiden, mit
Weinbrand	beträufeln und mit dem Maronenpüree unter die Eimasse rühren.
4 Eiweiß	steif schlagen und darunterziehen.
	Eine Auflaufform mit
Butter oder Margarine	fetten, die Maronenmasse einfüllen und im vorgeheizten Backofen bei mittlerer Hitze backen. Elektro 200 °C Gas Stufe 3 Backzeit: etwa 30 Minuten. Dazu eine Fruchtsoße oder auch Vanillesoße reichen.
Variante:	Birnen weglassen und dafür gezuckerte Johannisbeeren verwenden.

Rosenkohl mit Maronen

300 g Maronen (Eßkastanien)	waschen, kreuzweise oben einschneiden und in reichlich Wasser im zugedeckten Topf etwa 20 Minuten kochen. Abgießen, aus den Schalen lösen, das braune Häutchen abziehen.
750 g Rosenkohl	sorgfältig putzen, gut waschen, Röschen ganz lassen oder halbieren, in
40 g heißer Butter	andünsten,
⅛ l heißes Wasser	zugießen, mit
Meersalz	würzen,
etwas Koriander	und
Thymian	dazugeben und bei geringer Hitze in etwa 20 Minuten garen. Die Maronen zum Rosenkohl geben und mitkochen lassen. Würzig abschmecken, dabei auch
geriebene Muskatnuß	nicht vergessen. Das Gemüse mit
2–3 EL Joghurt	darüber in einer Schüssel anrichten. Dazu paßt Braten oder kurzgebratenes Fleisch, Kartoffeln erübrigen sich, da Maronen sehr sättigend sind.

Maronencreme mit Madeira

500 g gedünstete, weichgekochte Maronen	Rezept siehe Seite 78. Von
½ l Milch	4 Eßlöffel wegnehmen,
20 g Speisestärke	dazugeben und glattrühren. Restliche Milch mit dem ausgeschabten Mark von
½ Stange Vanille	sowie
2 verquirlten Eigelb	und
2 EL Zucker	zum Kochen bringen, angerührte Speisestärke unter Rühren dazugeben, einige Male aufkochen lassen und mit dem noch warmen Maronenpüree vermischen. Mit
Madeira	nach Belieben abschmecken.
Variante:	Anstelle von Madeira mit Weinbrand oder klarem Schnaps abschmecken.

Soßen

Bulgarische Nußsoße (Tarator)

	Eine Schüssel mit
1 Knoblauchzehe	ausreiben.
1 Sanoghurt	mit
1 TL Essig,	
1 EL Olivenöl oder Sonnenblumenöl	vermischen.
100 g gemahlene Hasel- oder Walnüsse	und
⅛ l Wasser	sowie
1–2 EL Zitronensaft	dazugeben und alles gut verrühren.
	Die Soße mit
Salz und weißem Pfeffer	würzig abschmecken.
	Den letzten Pfiff bekommt die Nußsoße, wenn ihr noch geriebene Knoblauchzehen zugefügt werden.
	Sie schmeckt gut zu warmen oder kalten Fischgerichten und zu Gemüse.

Süße Rosinensoße

100 g ungeschwefelte Sultaninen	waschen, einige Minuten in
¼ l siedendes Wasser	legen, dann abtropfen lassen und das Wasser auffangen.
20 g Butter oder Margarine	erhitzen,
1 EL Mehl	dazugeben und leicht bräunen. Das aufgefangene Rosinenwasser unter Rühren dazugeben,
1 Stückchen Zimt	mitkochen lassen, und dann die Soße mit
knapp ¼ l Weißwein	verfeinern. Sultaninen und
2 EL Zucker	zufügen, noch einmal kurz aufkochen lassen, Topf von der Herdplatte nehmen und die Soße noch mit
2 EL Weinbrand	abschmecken. Zimtstückchen vor dem Anrichten entfernen und die Soße heiß, mit
1 EL Mandelstifte	darüber, servieren.

Pflaumensoße

250–300 g getrocknete große Pflaumen	waschen und über Nacht in Wasser einweichen. Gut abtropfen lassen und das Einweichwasser auffangen. Dann die Pflaumen im Mixer pürieren,
¼–½ l Einweichwasser	dazugeben und mit
1 gestrichenen EL Zucker	bei geringer Hitze 5–10 Minuten kochen.
1 gestrichener EL Speisestärke	mit
1 EL Wasser	anrühren und die Soße damit binden. Mit
1–2 EL Zitronensaft, 1 Prise Ingwerpulver, gemahlenen Nelken	und
Zimt	würzig abschmecken. Wer's scharf liebt, gibt ganz wenig
Chilipulver	dazu. Mit
1 EL kleingehackten Erdnüssen	darüber anrichten. Die Soße paßt gut zu Schweinebraten, zu Wild oder Geflügel.

Cashew-Dip

4 EL Olivenöl	mit
4 EL süßer Sahne	sowie
1½ EL Weinessig	und
1 TL würzigem Senf	in einer Schüssel mit dem Schneebesen verrühren und schlagen, bis die Soße cremig ist.
1 EL kleingehackte Cashewnüsse	und
kleingehackte Küchenkräuter	– entweder Schnittlauch oder Petersilie – daruntermischen. Den Dip nach Geschmack mit
Salz und Pfeffer	würzen und in einer kleineren Schüssel anrichten.
	Schmeckt zu kaltem Braten sehr gut. Anstatt Cashewnüssen können auch Walnüsse verwendet werden.

Schokoladensoße Exquisit

200 g bittere Schokolade	in kleine Stücke brechen und mit
125 g Zucker	und
etwa ⅛ l Wasser	zum Schmelzen bringen. Bei geringer Hitze dann einige Minuten kochen lassen und
⅛ l süße Sahne	einrühren. Bei schwacher Hitze so lange unter Rühren kochen lassen, bis die Soße etwas cremig ist.
1–2 EL kleingehackte Haselnüsse oder Mandeln	daruntermischen und mit
1 EL Weinbrand oder Apricot Brandy	abschmecken.
8 Pfirsichhälften	auf vier Glasteller verteilen, die heiße Schokoladensoße darübergeben und mit
8 ganzen Haselnüssen	oder
geschälten Mandeln	garnieren.

Putenfüllung

15 getrocknete, entsteinte Pflaumen	in wenig Wasser über Nacht einweichen.
375 g gemischtes Hackfleisch	mit
1 TL kleingehackter Zwiebel,	
1 Prise Salz,	
1 Prise Pfeffer	und
100 g Rosinen in Rum (gibt es fertig zu kaufen)	vermischen. Die Pflaumen in größere Stücke schneiden und daruntermischen. Diese Farce eignet sich auch zum Füllen einer Gans.

Trockenfrüchte-Füllung

5 getrocknete Feigen	in kleine Stücke schneiden und zusammen mit
50 g getrockneten Apfelringen	und
50 g Rosinen	in wenig Wasser drei Stunden einweichen.
20 g Butter	erhitzen,
1 große kleingehackte Zwiebel	darin glasig dünsten. Die abgetropften Trockenfrüchte mit den gedünsteten Zwiebeln im Mixer pürieren.
50 g gemahlene Haselnüsse,	
30 g Semmelbrösel,	
1 Prise gemahlener Ingwer	und
2–3 EL Crème fraîche	daruntermischen.
	Die Füllung mit
Salz	und
frisch gemahlenem Pfeffer	abschmecken. Damit können ein Hühnchen oder auch Eierkuchen gefüllt werden. Als Variante, vorausgesetzt, man liebt den Geschmack, kann die Füllung auch noch mit flüssiger Knoblauchwürze abgeschmeckt werden.

Nußfüllung

250 g Cashewnüsse	klein hacken.
100 g Butter	erhitzen. Nüsse und
80 g Zucker	dazugeben und unter Rühren einige Minuten dünsten. Die Füllung mit
etwa 1 EL Weinbrand	oder
Rum	abschmecken.
	Diese Farce eignet sich zum Füllen von Wildgeflügel, für Äpfel, für Hefeteig und auch für Eierkuchen.

Mandelpanade für Fisch oder Fleisch

	Die vorbereiteten gewürzten
Fisch- oder Fleischstücke	zuerst in
Mehl,	dann in
verquirltem Ei	und zuletzt in
Mandelplättchen	wenden. In
Fett	von beiden Seiten backen.
Variante:	Anstelle von Mandeln können auch Haselnüsse verwendet werden.

Panade mit Kokosflocken

Fisch- oder Fleischstücke	in
Mehl,	dann in
verquirlten Eiern	und zuletzt in
100–150 g geraspelten getrockneten Kokosflocken	wenden. Anschließend in
Fett	braten.

Buttermischungen

Nußbutter

125 g weiche Butter zu kleinen Kugeln formen und in
40 g grob gemahlenen, beliebigen gemischten Nüssen wälzen. Darauf achten, daß die Schicht der umgebenden Nüsse nicht zu dünn ist.
Nußbutter schmeckt besonders gut zu Blätterteighörnchen.

Orangen-Nuß-Butter

75–100 g zimmerwarme Butter mit
2–3 EL frisch ausgepreßtem Orangensaft schaumig rühren und mit
Salz abschmecken.
2–3 EL kleingehackte Nußmischung darunterrühren. Buttermischung auf ein Stück
Alufolie legen, zu einer Rolle drehen, gut verschließen und im Kühlschrank bis zum Gebrauch aufbewahren.

Mandelbutter

125 g zimmerwarme Butter schaumig rühren.
50 g Mandeln in
kochendheißes Wasser legen, die Haut abziehen, die Mandeln im Mixer pürieren und unter die Butter mischen.
Die Mandelbutter mit
1 EL Weinbrand abschmecken und verfeinern.

Dattelbutter

75 g Sultaninen	zusammen mit
25 g getrockneten Apfelschnitzen	in so viel Wasser einweichen, daß das Dörrobst gerade bedeckt ist. Etwa 20 Minuten stehenlassen.
3–4 entkernte Datteln	zusammen mit dem abgetropften Dörrobst im Mixer zerkleinern.
85 g zimmerwarme Butter	mit dem zerkleinerten Obst,
75 g gemahlenen Haselnüssen	und
einer Prise Zimt	sorgfältig vermischen und gut gekühlt aufbewahren.
	Dattelbutter ist ein delikater Brotaufstrich.

Desserts

Birnen-Dessert mit Quarkcreme

4 Birnenhälften aus der Dose	abtropfen lassen und auf Glasteller verteilen.
250 g blaue Trauben	gut waschen, abtropfen lassen, entstielen, halbieren, Kerne entfernen und die Trauben zu den Birnen geben.
250 g Quark	mit
½ Joghurt	und
2 EL Zucker	schaumig rühren.
1–2 EL Rumrosinen	mit
2 EL Walnußhälften	daruntermischen.
	Die leckere Quarkcreme über dem Obst verteilen.
	Mit
einigen Walnußhälften	garnieren und möglichst bald servieren. Dieses Dessert darf nicht lange stehen.

Orientalischer Frucht-Cocktail

3 Orangen	schälen, sorgfältig von der weißen Haut befreien und in dünne Scheiben schneiden.
3 Kiwis	so dünn wie möglich schälen,
2 Bananen	schälen und alles in dünne Scheiben schneiden.
½ Dose Lychees, 250 g,	zusammen mit
3 EL kleingehackten Haselnüssen	zu dem Obst geben und alles vermischen. In Glasschälchen füllen und zuletzt noch
1 Sanoghurt	darüber verteilen.

Fruchtsülze im grünen Bett

Den Inhalt von
1 Päckchen Götterspeise
und
½ l kaltes Wasser
in einen Topf geben,
4 EL Zucker
zufügen, unter Rühren erhitzen, bis sich der Zucker aufgelöst hat. Nicht kochen lassen. Dann in eine Schüssel gießen und im Kühlschrank erstarren lassen.

8 Blatt weiße Gelatine
in kaltem Wasser einweichen.
½ l Apfelsaft
mit
5 EL Zucker
in einen Topf geben, unter Rühren so lange erhitzen, bis der Zucker nicht mehr zu spüren ist. Gelatine ausdrücken, zufügen und rühren, bis auch sie sich aufgelöst hat. Die Flüssigkeit mit dem
Saft einer Zitrone
und
1 EL Orangensaft
abschmecken. In einer ovalen Form (Schüssel) einen Spiegel ausgießen und im Kühlschrank erstarren lassen.

100 g vorbereitete Erdbeeren
und
100 g Melonenkugeln
mischen. Einen Teil der Früchte auf den erstarrten Spiegel geben, mit etwas Gelierflüssigkeit aufgießen und wieder erstarren lassen, das im Wechsel mit Früchten und Gelierflüssigkeit, bis alles verbraucht ist. Die Fruchtsülze fest werden lassen. Vor dem Servieren die Form kurz in heißes Wasser tauchen, die Fruchtsülze auf eine ovale Platte stürzen, die Götterspeise klein hacken und um die Fruchtsülze herum verteilen.

25 g kalifornische Rosinen
kurz einweichen, abgießen, abtropfen lassen und auf dem grünen Bett anrichten. Dazu gibt es eine Vanillesoße.

Dörrobst-Kompott

375 g getrocknetes Obst (Apfelschnitze, Aprikosen, Pflaumen, Ananas)	über Nacht in
etwa 1 l Wasser	einweichen. Dann mit dem Einweichwasser, sowie
½ Stange Zimt	
1 Stück ungespritzter Zitronenschale	und
3 EL braunem Zucker	zum Kochen bringen und bei geringer Hitze weichdünsten. Zimtstange und Zitronenschale herausnehmen und das Kompott in einer Glasschale mit
Mandelblättchen	bestreut anrichten.

Ballach, arabisches Datteldessert

200–250 g Datteln	entkernen und in kleine Stücke schneiden.
⅛ l Sahne	mit
wenig Zimt	steif schlagen und daruntermischen. Das Dessert auf Glasteller verteilen und mit
Walnußhälften	garnieren.

Trockenobstmus

400 g gemischte getrocknete Früchte	(darunter können auch Datteln und Feigen sein) in kleinere Stücke schneiden. Kerne entfernen. So viel
Weißwein	darübergießen, daß die Früchte gerade bedeckt sind und einige Stunden zugedeckt darin liegenlassen. Die Früchte abtropfen lassen, Weißwein auffangen, das Trockenobst im Mixer pürieren. Damit das Mus geschmeidig wird, etwas von dem aufgefangenen Weißwein darunterrühren und mit
Zitronensaft	abschmecken. Mit
Crème fraîche oder saurer Sahne	oder auch
Joghurt	darüber anrichten.
Variante:	Crème fraîche oder saure Sahne weglassen und das Mus als Brotaufstrich verwenden.

Birnen mit Feigenmus

6 getrocknete Feigen	in kleine Stücke schneiden und im Mixer pürieren.
4 Para- oder Cashewnüsse	in kleine Stücke hacken und unter das Feigenmus mischen.
1 saftigen säuerlichen Apfel	schälen, vierteln, Kernhaus entfernen, Apfel in kleine Stifte schneiden. Zu dem Feigenmus geben und das Ganze noch mit
2–4 EL Zitronensaft	abschmecken.
4 Birnenhälften aus der Dose	abtropfen lassen und mit dem Feigenmus füllen. Vor Gebrauch im Kühlschrank durchziehen lassen. Nach Belieben
⅛ l halbsteif geschlagene Sahne	dazu reichen.
Variante:	Sahne weglassen, die Birnen mit einer Schokoladensoße darüber anrichten oder die Soße gesondert dazu reichen.

Quarkcreme mit Lychees

	Von
½ l Milch	6 Eßlöffel wegnehmen und
1 Päckchen Vanille-Puddingpulver	mit
2 EL Zucker	darunterrühren. Restliche Milch zum Kochen bringen, das angerührte Puddingpulver einrühren, einige Male aufkochen lassen und dann
250 g Quark (20 %)	daruntermischen.
80 g Haselnüsse	in einer Pfanne ohne Fett rösten und klein hakken. Die Hälfte davon unter die Quarkcreme mischen.
2 Eiweiß	steif schlagen und darunterheben.
	Von
1 Dose Lychees	die Früchte abgetropft in eine Glasschale legen,
10 Löffelbiskuits	zerbröseln und mit den restlichen Haselnüssen darüber verteilen. Mit der Quarkcreme die Früchte abdecken. Das Dessert bis zum Verzehr in den Kühlschrank stellen.

Frucht-Coppa

250 g getrocknete Apfelringe	mit
Wasser	sowie
30–40 g braunem Zucker	und
½ Stange Zimt	20 Minuten kochen, auf einem Sieb abtropfen und erkalten lassen.
¼ l Cidre (Apfelwein)	darübergießen und einige Stunden – es kann auch über Nacht sein – zugedeckt durchziehen lassen.
⅛ l Sahne	mit
1 Päckchen Vanillinzucker	steif schlagen.
1 Haushaltspackung Schokoladeneis	mit einem Portionierer in 12 Kugeln teilen. Vier Gläser abwechselnd mit Apfelringen und Eis füllen, dazwischen
4 EL geraspelte frische Kokosnuß oder getrocknete Kokosflocken	streuen und das Dessert mit Schlagsahne und
Schokoladenplätzchen	garnieren.

Vanilleeis mit Cassis

1 Haushaltspackung Vanilleeis	mit einem Portionierer in Kugeln teilen und auf einen gekühlten Teller geben.
250 g Himbeeren	vorbereiten, mit etwas
Zucker	süßen und auf vier Cocktailschalen verteilen.
8 EL Cassis (Johannisbeerlikör)	darübergeben.
⅛ l Sahne	mit
1 Päckchen Vanillinzucker	steif schlagen und
1 EL gehackte Pistazien	darunterheben. Die Eiskugeln auf die Himbeeren setzen und mit der Pistaziensahne das Dessert garnieren. Zuletzt noch mit
2 EL gehackten Pistazien	und
geraspelter Schokolade	bestreuen.

Erdbeeren mit Eissoße

20 g Butter	in einer Pfanne erhitzen,
50 g Mandelblättchen	dazugeben und unter Rühren hell rösten. Abkühlen lassen.
500 g Erdbeeren	vorbereiten und in Hälften schneiden.
Saft einer Zitrone	darüberträufeln und nach Geschmack mit
Zucker	süßen. Portionsweise auf Glasteller verteilen.
1 Haushaltspackung Vanilleeis	etwas antauen lassen, mit dem Schneebesen cremig schlagen und über die Erdbeeren verteilen. Mit den Mandelblättchen bestreuen.

Erdnußflammeri

1 l Milch	mit
4–5 EL Zucker	zum Kochen bringen,
4–6 EL Grieß	unter Rühren einlaufen und einige Male aufkochen lassen. Den Topf von der Kochstelle nehmen.
75 g ungesalzene Erdnüsse	grob hacken und mit
500 g Sahnequark	unter den Grieß rühren. Erdnußflammeri in eine mit kaltem Wasser ausgespülte Schüssel füllen, erkalten lassen, dann auf eine Platte stürzen und
3–4 EL gehackte, ungesalzene Erdnüsse	darüber verteilen.
	Außen herum
Dörrobst-Kompott	anrichten (Rezept Seite 93).

Schweizer Mangoldgericht mit Maronen. Rezept S. 79

Becher Harlekin

200 g frische oder tiefgekühlte Himbeeren	mit einer Gabel zu Mus zerdrücken.
50 g braunen Zucker	und
1 Becher Dickmilch, 200 g (3,5 % Fett)	daruntermischen und in Gläser füllen. Von
4 Pfirsichhälften	und
4 Aprikosenhälften aus der Dose	die Haut entfernen, die Früchte in Scheiben schneiden, mit dem
Saft von ½ Zitrone	beträufeln und mit
1 Päckchen Vanillinzucker	bestreuen.
4 Schoko-Haferfleks (Fertigprodukt)	und dann die Pfirsich- sowie Aprikosenscheiben darübergeben. Mit
50 g gehackten Pistazien	bestreuen und bis zum Gebrauch in den Kühlschrank stellen.

Pflaumencreme

200 g entsteinte, getrocknete Pflaumen	mit
¼ l Rotwein	zum Kochen bringen, den Topf von der Kochstelle nehmen,
½ Schnapsglas Armagnac	dazugeben, in eine Schüssel füllen und erkalten lassen. Danach im Mixer pürieren und
1–2 EL Mandelstifte	dazugeben.
⅛–¼ l Sahne	mit
1 Päckchen Vanillinzucker	und
¼ TL Zimt	steif schlagen und unter die pürierten Pflaumen heben. In einer Schüssel anrichten oder auf Glasteller verteilen und mit
2 EL Schoko-Haferfleks (Fertigprodukt)	darüber anrichten.

Vanilleeis mit Cassis. Rezept S. 95

Crème Angelique

5 getrocknete Aprikosen	in wenig Wasser einige Stunden einweichen. Von
½ l Milch	6 Eßlöffel wegnehmen und
1 Eigelb	sowie
40 g Speisestärke	darunterrühren. Restliche Milch mit
50 g gehackten Mandeln	und
Vanillemark von ½ Stange Vanille	sowie
2 EL Zucker	zum Kochen bringen. Die angerührte Speisestärke einrühren und einige Male aufkochen lassen.
1 Eiweiß	steif schlagen und unter die etwas abgekühlte Vanillecreme heben. Die eingeweichten Aprikosen in kleine Stücke schneiden und damit den Boden einer mit kaltem Wasser ausgespülten Schüssel belegen. Vanillecreme einfüllen und kühl stellen.
1 kleine Flasche Schokoladensoße, 200 ml,	mit
4 EL Weinbrand	verrühren. Vanillecreme auf eine Platte stürzen und mit der Schokoladensoße überziehen. Zur Abwechslung kann auch einmal eine Flasche Kirsch-Dessert-Soße, mit Kirschwasser verfeinert, verwendet werden.

Schokoladen-Birnen

2 weiche, saftige, reife Birnen	schälen, halbieren und das Kernhaus entfernen.
150 g Halbbitter-Schokolade	zerkleinern, im Wasserbad zusammen mit
2 EL Wasser oder Milch	schmelzen lassen.
100 g Kokosfett	zerlassen und abgekühlt unter die Schokolade mischen. Birnenhälften auf eine Gabel spießen, in die Schokolade tauchen,
1 TL Preiselbeerkonfitüre	auf jeden Glasteller geben, Birnenhälfte mit der Wölbung nach oben darauflegen und mit
Mandelstiften	wie einen Igel spicken, solange die Oberfläche noch feucht ist. Bis zum Gebrauch kühl stellen. Ein Igelspaß, über den sich nicht nur Kinder freuen.

Bananen-Surprise

2–3 Bananen	schälen, in Scheiben schneiden, portionsweise auf Glasteller verteilen und sofort, damit sie die Farbe behalten, mit
2 EL Zitronensaft	beträufeln.
60 g gemischte Nüsse	klein hacken und über die Bananenscheiben verteilen.
1 Becher süße Sahne, 200 g,	mit
1 Päckchen Vanillinzucker	steif schlagen,
1 Päckchen Sahnesteif	nach Anweisung dazugeben und bergartig auf den Bananenscheiben anrichten.
2 Orangen	schälen, die weiße Haut sorgfältig entfernen, und die Orangen in Scheiben schneiden. Die Scheiben halbieren und die Ränder damit garnieren.
4 EL knusprige Haferfleks (Fertigprodukt)	darüberstreuen. Sofort servieren.

Waffeln mit Rosinensahne

60 g weiche Butter	schaumig rühren,
125 g Quark	daruntermischen,
75 g Zucker	und die
abgeriebene Schale einer ungespritzten Zitrone	sowie
1 Prise Salz	dazugeben.
3 Eier	trennen, Eigelb und dann
150 g Mehl	unter den Quark rühren. Nach und nach
1 Tasse Milch	zufügen und alles gut verrühren.
3 Eiweiß	steif schlagen und darunterheben. Waffeleisen erhitzen, mit Öl einpinseln und 1 Eßlöffel Waffelteig daraufgeben. Waffel goldbraun backen. Auf einer vorgewärmten Platte, aber nicht aufeinandergelegt, anrichten.
¼ l süße Sahne	mit
1 Päckchen Vanillinzucker	steif schlagen,
1 TL Zimt	und
1–2 EL gewaschene, abgetropfte Rosinen	daruntermischen. Auf jede Waffel einen Klecks Rosinensahne geben.

Winterfreude

750 g saftige Äpfel	schälen, vierteln, vom Kernhaus befreien, mit wenig Wasser weich dünsten. Durch ein Sieb passieren und mit
wenig braunem Zucker	abschmecken.
1/8 l süße Sahne	steif schlagen,
100–125 g geraspelte Schokolade	und
50 g Mandelstifte	daruntermischen und im Wechsel mit
10 Löffelbiskuits	und dem Apfelmus in eine Glasschale füllen. Mit Schokoladensahne abdecken. Kühl stellen und kurz vor dem Servieren mit
2 EL Mandelblättchen	garnieren.

Überbackenes Schaumomelett

5 Kiwis	schälen, halbieren, in dünne Scheiben schneiden und einige davon zum Garnieren auf die Seite legen.
5 frische Datteln	aufschneiden, entkernen, die Haut abziehen und die Früchte zu den Kiwischeiben in eine Schüssel geben.
2 EL Maraschino	und
2 EL frisch gepreßten Orangensaft	darüberträufeln. Mit
1 EL Zucker	süßen und zum Durchziehen kühl stellen.
30–50 g Butter	in einer Pfanne erhitzen,
250 g Schwarzbrotbrösel	unter Rühren hell rösten und in eine mit
Butter oder Margarine	gefettete Auflaufform geben.
3 Eiweiß	steif schlagen, dann
80 g Puderzucker	und
3 Eigelb	darunterheben. Kiwischeiben und Datteln samt Saft über die Schwarzbrotbrösel verteilen, den Eischaum darüberfüllen und im vorgeheizten Backofen bei mittlerer Hitze backen. Elektro 200 °C Gas Stufe 3 Backzeit: 12–15 Minuten. Schaumomelett sofort servieren und vor dem Anrichten noch mit den zurückbehaltenen Kiwischeiben garnieren.

Crêpes Manuela

	Für den Teig
125 g Mehl,	
25 g gemahlene Haselnüsse,	
1 EL Zucker,	
2 Päckchen Vanillinzucker,	
1 Prise Salz	und
3 Eier	in eine Schüssel geben, nach und nach
¼ l Milch	dazugießen und alles zu einem glatten Eierkuchen rühren. 15 Minuten auf die Seite stellen. Dann
1 EL Weinbrand	zur Verfeinerung zufügen. Für die Crêpes jeweils
5 g Butter	in einer Pfanne erhitzen, etwas Teig dazugeben und auf beiden Seiten zu schöner Farbe, jedoch nicht dunkel, backen. Warm halten. In einer Flambierpfanne
60 g Butter	erhitzen,
6 EL Zucker	dazugeben und darin karamelisieren lassen.
2 EL Butter	darunterrühren,
1 Tasse starken schwarzen Kaffee	zugießen und kurz köcheln lassen. Mit
1 Schnapsglas Grand Marnier	verfeinern, erwärmen, die Crêpes nacheinander einlegen, wenden und zu Dreiecken zusammenfalten. Mit
2 Schnapsgläser Whisky	übergießen, flambieren und ausbrennen lassen. Auf jeden Teller
2 Eiskugeln Mokkaeis	geben und rechts und links davon die Crêpes anrichten. Mit
je 1 EL Schlagsahne	garnieren und darüber
geröstete, kleingehackte Haselnüsse	streuen. Sofort servieren.

Kaffeeschaum

4 EL gemischte Nüsse	klein hacken und auf 4 hochstielige Gläser verteilen.
1 Tasse Wasser	zum Kochen bringen,
3 gestrichene TL Instant Pulverkaffee	darin auflösen.
3 Eier	trennen und das Eigelb mit
2 EL Puderzucker	cremig rühren. Die Hälfte des abgekühlten Kaffees nach und nach darunterschlagen und dann den restlichen Kaffee unterrühren. Das Eiweiß mit
2–3 EL Puderzucker	steif schlagen, unter den Kaffeeschaum heben und über die Nüsse in den Gläsern verteilen. Auf jedes Glas
je 1 TL Eierlikör	geben und mit
je 1 Stück Zartbitter-Borkenschokolade	oder
geraspelter Schokolade	garnieren.

Schokoladenschaum Ariane

2 Eigelb	mit
3 EL Zucker	schaumig rühren.
200 g bittere Schokolade	in kleine Stücke brechen und im Wasserbad schmelzen lassen.
⅛ l Wasser	unter Rühren zugießen und die Zucker-Eimasse daruntermischen. Etwas abkühlen lassen.
¼ l Sahne	mit
1 Päckchen Vanillinzucker	steif schlagen,
2 EL gemahlene Mandeln	und
2 EL Mandelstifte	dazugeben und unter die Schokoladenmasse heben. In eine Glasschale füllen und für einige Stunden in den Kühlschrank stellen. Kurz vor dem Servieren
2–3 EL Apricot Brandy oder Amaretto	darübergeben. Zur Abwechslung kann es auch einmal Eierlikör sein, schmeckt ebenso gut.

Nußschaum

100 g Haselnüsse	unter Rühren ohne Fett in einer Pfanne so lange rösten, bis die Schale platzt. Schalen entfernen, Nüsse im Mixer pürieren. Von
½ l Milch	einige Eßlöffel abnehmen und mit
2 gehäuften EL Speisestärke	und
3 EL braunem Zucker	verrühren. Die restliche Milch zum Kochen bringen, mit der Speisestärke unter Rühren binden. Die gemahlenen Haselnüsse daruntermischen und die Creme etwas abkühlen lassen.
⅛–¼ l Sahne	mit
1 Päckchen Vanillinzucker	steif schlagen und darunterheben. Nußschaum in einer Glasschale anrichten und mit
einigen ganzen Haselnüssen	garnieren.

Nuß-Kefir

2 Becher löffelfesten Kefir	mit
4 TL Nuß-Nougat-Creme (Fertigprodukt)	und
1 Päckchen Vanillinzucker	sehr gut verquirlen.
60 g gemahlene Haselnüsse	und
50 g Studentenfutter (Sultaninen und Nüsse gemischt)	darunterrühren und gut gekühlt servieren.

Joghurtcreme Everred

4 Becher Joghurt	gut verquirlen,
60 g Zucker	sowie
1 TL Zimt	und
50 g kleingehackte Cashew- oder Paranüsse	daruntermischen.
250 g entsteinte Sauerkirschen aus dem Glas	gut abtropfen lassen und einige Kirschen zum Garnieren auf die Seite stellen.
2 EL Rosinen	waschen und mit den Kirschen in eine Glasschale geben. Darüber die Nuß-Joghurtcreme verteilen und vor dem Anrichten in den Kühlschrank stellen. Mit den zurückbehaltenen Kirschen garnieren und servieren.

Reiscreme Oriental

1 l Milch	mit
1 Prise Salz	und
1 Päckchen Vanillinzucker	aufkochen,
250 g Reis	zufügen und auf kleinster Flamme etwa 30 Minuten ausquellen lassen.
50 g kleingehackte Pistazien	sowie
50 g Zitronatwürfelchen	und
50 g Orangeatwürfelchen	daruntermischen. Kalt stellen.
6 Blatt weiße Gelatine	in kaltem Wasser einweichen, ausdrücken und mit
3 EL heißem Wasser	auflösen.
100 g Zucker	und
2 cl Mandellikör	unter den Reis mischen.
½ l Sahne	steif schlagen, zuerst die Gelatine und dann die Schlagsahne darunterziehen. Die Creme in eine Schale füllen, im Kühlschrank steif werden lassen und vor dem Servieren das Dessert noch mit
2 EL Kokosflocken	und
einigen kandierten Kirschen	garnieren.

Mango-Leckerei

	Von
4 Mangos	die Haut abziehen, die Früchte in dünne Scheiben schneiden, mit
Zitronensaft	beträufeln und zugedeckt im Kühlschrank durchziehen lassen.
50 g Mandeln	in kochendheißes Wasser legen, von der Haut befreien, klein hacken und in einer Pfanne ohne Fett unter Rühren kurz hell rösten. Erkalten lassen.
4 Kugeln Vanilleeis	aus einer Haushaltspackung in den Mandeln wenden und auf den Mangoscheiben anrichten. Sofort servieren. Mit oder ohne Schlagsahne ist dies eine kleine Köstlichkeit.

Feigen in Weinbrand

4 frische Feigen	schälen und halbieren.
2–3 EL Zucker	in einer Pfanne unter Rühren karamelisieren, aber nicht dunkel werden lassen.
6 EL Weinbrand	dazugießen. Feigen darin wenden und den Saft von
½ Zitrone	darüberträufeln.
4 Portionen Vanilleeis	auf Teller verteilen und darüber die Feigen anrichten.

Orangensalat

4 Orangen	schälen, die weiße Haut sorgfältig abziehen und das Obst in dünne Scheiben schneiden.
1 Banane	schälen, ebenfalls in Scheiben schneiden. Eine Glasschale abwechselnd mit den Fruchtscheiben füllen und über die einzelnen Lagen etwas
Cointreau	träufeln. Nach Belieben können die Orangenscheiben auch mit
Zucker	bestreut werden. Zugedeckt im Kühlschrank bis zum Verzehr durchziehen lassen.
⅛ l süße Sahne	halbsteif schlagen, vor dem Anrichten darüber verteilen und den Obstsalat mit
1 EL kleingehackten Pinienkernen	sowie
1 EL Walnußhälften	und
1 EL Pistazien	dekorieren.
Variante:	Nußkerne weglassen, dafür geraspelte Kokosflocken daruntermischen oder darüberstreuen.

Quark-Ananas-Creme

250 g Quark, 20%,	mit
2 EL braunem Zucker	sowie
1–2 Eigelb	und
1 Päckchen Vanillinzucker	gut verrühren.
6 Scheiben Ananas aus der Dose	in kleine Stücke schneiden, einige zum Garnieren zurückbehalten, und mit
etwa 10 EL Ananassaft	unter den Quark rühren. Wenn notwendig, noch etwas mehr Saft verwenden.
⅛ l Sahne	steif schlagen und darunterziehen. Das Dessert in eine Glasschale füllen und mit den zurückbehaltenen Ananasstückchen und
8–12 Walnußhälften	garnieren.

Kuchen

Brombeerkuchen

	Von
200 g dunklem Weizenmehl, Type 1050,	
100 g Butter oder Margarine,	
60 g braunem Zucker	und
1 Ei	einen Mürbteig kneten, auf einer bemehlten Unterlage ausrollen und vorsichtig, er bricht leicht, auf ein mit
Butter oder Margarine	gefettetes Backblech mit Rand legen.
40 g geraspelte frische Kokosnuß oder getrocknete Kokosflocken	mit
20 g Zucker	in einer Pfanne hell rösten und auf dem Kuchenboden verteilen.
750 g Brombeeren	vorbereiten und daraufgeben,
50 g gehackte Cashewnüsse	darüber verteilen,
¼ l Sahne	mit
2 Eiern	und
40 g Zucker	verquirlen, über die Früchte gießen und den Kuchen im vorgeheizten Backofen bei mittlerer Hitze backen. Elektro 200 °C Gas Stufe 3 Backzeit: 30–40 Minuten.

Geschwind-Kuchen

10 getrocknete Apfelringe	in wenig Wasser 20 Minuten einweichen. Für den Mürbteig
220 g Mehl	sowie
2–3 EL Zucker,	
1–2 EL saure Sahne,	
1 Ei	und
125 g zerkleinerte Butter oder Margarine	auf ein Backbrett geben und alles gut zu einem glatten Mürbteig verkneten. Teig ausrollen und in eine mit
Fett	bestrichene Springform mit kleinem Rand legen.
140 g Butter oder Margarine	mit
5 Eigelb	und
140 g braunem Zucker	schaumig rühren. Die eingeweichten Apfelringe abtropfen lassen, im Mixer zerkleinern und zusammen mit
140 g Quark	und
140 g gemahlenen Hasel- oder anderen Nüssen	daruntermischen.
5 Eiweiß	steif schlagen und den Eischnee darunterheben. Die Masse auf dem Kuchenboden verteilen. Den Kuchen in den vorgeheizten Backofen schieben und backen. Elektro 175–200 °C Gas Stufe 2–3 Backzeit: etwa 40 Minuten. Garprobe machen. Den fertigen Kuchen aus der Form auf eine Kuchenplatte schieben und
1 Tasse Eierlikör	darauf verteilen. Mit ganzen
Haselnüssen oder anderen Nüssen	garnieren. Der Kuchen kann, weil er feucht ist, tagelang vorher gebacken und ohne Eierlikör auch eingefroren werden.

Gerührter Dattelkuchen

1 Tasse Datteln ohne Kerne	in kleine Stückchen schneiden,
1 Tasse frisch gepreßten Orangensaft	leicht erwärmen, darübergießen und die Datteln durchziehen lassen.
100 g Butter	in kleine Stücke teilen,
1 Tasse Zucker,	
1 Ei	und
1 Prise Salz	dazugeben und schaumig rühren.
2 Tassen Mehl	sowie nach und nach den Orangensaft ohne Datteln dazugeben und daruntermischen. Teig gut rühren.
1 Tasse gemischte Nüsse	klein schneiden und mit den Dattelstückchen sowie
1 TL Backpulver	unter den Teig heben. Eine Kastenform mit
Butter oder Margarine	gut fetten, Teig einfüllen.
3 EL Haselnußkrokant (Fertigprodukt)	darüberstreuen und bei mäßiger Hitze backen.
	Elektro 150–175 °C
	Gas Stufe 1–2
	Backzeit: etwa 60 Minuten. Dann die Garprobe machen.
	Der Dattelkuchen ist in Folie verpackt länger haltbar. Nicht offen stehenlassen.

Sauerländer Gesundheitskuchen

200 g braunen Zucker	mit
250 g Butter oder Margarine	schaumig rühren.
4 Eier	trennen, Eigelb sowie
1 Päckchen Vanillinzucker	und
200 g gemahlene Haselnüsse oder Mandeln	daruntermischen.
500 g Mehl	mit
1 Päckchen Backpulver	vermischen. Nach und nach
etwa ¼ l Milch	dazugießen und darunterrühren.
100 g Schokoladentröpfchen (fertig gekauft)	darunterheben. Eiweiß steif schlagen und unter den Teig ziehen. Eine Kastenform gut mit

Butter oder Margarine	ausfetten, den Teig einfüllen, glattstreichen und im vorgeheizten Backofen backen. Elektro 175–200 °C Gas Stufe 2–3 Backzeit: 60–70 Minuten. Zum Auskühlen vorsichtig auf ein Kuchengitter stürzen. Mit
Puderzucker	bestäuben.

Kokosnußkuchen

125 g Butter	mit
2 Eigelb	und
150–175 g braunem Zucker	schaumig rühren.
200 g Mehl	mit
½ Päckchen Backpulver	sowie
1 Päckchen Vanille-Puddingpulver	vermischen und
70 g getrocknete Kokosflocken	sowie
2 EL Rum-Rosinen	darunterrühren.
3–4 EL Milch	oder auch etwas weniger, der Teig muß dickflüssig sein, zufügen.
2 Eiweiß	zu steifem Schnee schlagen und darunterheben. Den Teig in eine gut mit
Butter oder Margarine	gefettete Kastenform füllen und bei mittlerer Hitze backen. Elektro 200 °C Gas Stufe 3 Backzeit: etwa 50 Minuten.

Rosinenring

25 g frische Hefe	zerkleinern und mit etwas
lauwarmer Milch	und
1 EL Zucker	glattrühren.
500 g Mehl	in eine Schüssel geben, in die Mitte eine Vertiefung drücken, das Hefegemisch hineingeben und an einem warmen Ort gehen lassen.
1/8–1/4 l lauwarme Milch	sowie
80 g Zucker	und
80–100 g Butter oder Margarine	dazugeben und mit der Hand oder dem Knethaken des elektrischen Handrührgeräts so lange kneten, bis sich der Teig von der Schüssel löst. Zugedeckt an einem warmen Ort gehen lassen, bis der Teig sein Volumen verdoppelt hat. Den Teig fingerdick auf einem bemehlten Backbrett zu einem rechteckigen Stück ausrollen und mit
40 g zerlassener Butter	bestreichen.
	Für die Fülle
150 g Rosinen	waschen, abtropfen lassen und auf dem Teig verteilen.
50 g Zucker	mit
1–2 TL Zimt	vermischen und darüberstreuen. Den Teig von der breiten Seite her aufrollen und in eine mit
Butter oder Margarine	gut gefettete Ringform legen. Nochmals gehen lassen und dann bei guter Hitze backen. Elektro 200–225 °C Gas Stufe 3–4 Backzeit: etwa 40 Minuten. Den Kuchen stürzen und erkalten lassen. Eine
Schokoladen-Fettglasur (Fertigprodukt) oder Zitronenglasur (Fertigprodukt)	
200 g Puderzucker	mit
2–3 EL Zitronensaft	und
	glatt verrühren und auf dem Kuchen verstreichen. Der Kuchen sollte dazu noch etwas warm sein. Wenn der Hefeteig mit dem Knethaken des elektrischen Handrührgeräts bearbeitet wird, erübrigt sich der Vorteig.

Gewürzkuchen Ulli

250 g Butter oder Margarine	mit
250 g Zucker	schaumig rühren. Nach und nach
4 Eigelb,	
1 Prise Salz,	
1 Messerspitze gemahlene Nelken,	
1 Messerspitze Zimt,	
1 Messerspitze geriebene Muskatnuß	und die
abgeriebene Schale einer Zitrone	darunterrühren.
200 g Mehl	sowie
100 g gemahlene Haselnüsse oder Mandeln	und
½ Päckchen Backpulver	vermischen, nach und nach in den Teig rühren.
4 Eiweiß	ganz steif schlagen und unter den Teig heben.
120 g australische Sultaninen	und
80 g Frutta-Mix (Fertigprodukt)	mit
wenig Mehl	bestäuben und auch unterheben.
	Eine Kastenform mit
Pergamentpapier	auslegen, mit
Butter oder Margarine	einfetten, den Teig einfüllen und bei mittlerer Hitze backen. Elektro 180 °C Gas Stufe 3 Backzeit: 80 Minuten. Den Kuchen vorsichtig aus der Form stürzen und mit
Puderzucker	bestäuben.

Wiesensteiger Früchtekuchen

250 g Rosinen	und
250 g australische Sultaninen	gut waschen und abtropfen lassen
500 g Butter oder Margarine	schaumig rühren.
400 g Zucker	und
7–8 Eigelb	darunterrühren und so lange weiterrühren, bis man vom Zucker nichts mehr spürt. Dann die abgetropften Rosinen und Sultaninen,

25 g würflig geschnittenes Orangeat	sowie
25 g würflig geschnittenes Zitronat,	
1–2 TL Zimt,	
½ TL gemahlene Nelken	und
500 g Mehl	dazugeben und darunterrühren.
3 Eiweiß	steif schlagen und unter den Teig ziehen. Eine große Kastenform mit
Butter	einfetten, den Teig einfüllen, in den nicht vorgeheizten Backofen schieben und bei schwacher Hitze backen. Keine Oberhitze. Elektro 150 °C Gas Stufe 1 Backzeit: 3–3½ Stunden. Der Kuchen läßt sich, in Alufolie verpackt, wochenlang aufbewahren.

Quarkstollen nach Susi

100 g getrocknete Aprikosen	in kleine Stücke schneiden.
150 g zimmerwarme Butter oder Margarine	in eine Schüssel geben,
150 g Zucker	und
2 Eier	zufügen und gut verrühren.
500 g Mehl	mit
1 Päckchen Backpulver	vermischen und mit
125 g Quark,	
100 g gewaschenen Rosinen,	
½ Päckchen Vanille-Puddingpulver	und
1 EL Rum	zu dem Butter-Eier-Gemisch geben und darunterrühren. Kleingeschnittene Aprikosen und
1 Joghurt oder saure Sahne	daruntermischen. Teig gut durcharbeiten. Einen Stollen formen, mit
Eigelb	bestreichen und bei mittlerer Hitze zu schöner Farbe backen. Elektro 200 °C Gas Stufe 3 Backzeit: etwa 60 Minuten. Noch warm mit
Puderzucker	bestreuen.

Zucchini-Nuß-Brot

3 Eier,
1 Tasse Öl und
1 Tasse Zucker schaumig rühren. Dann
2 Tassen geriebene Zucchini,
1 Tasse gemahlene Nüsse,
1 Tasse gewaschene Rosinen,
3 Tassen Mehl,
1 TL Backpulver,
1 TL Natron,
1 TL Salz,
3 TL Zimt und
3 TL Vanillezucker dazugeben und alles gut verrühren. Zwei kleinere Kastenformen mit
Butter oder Margarine gut fetten, den Teig einfüllen und bei geringer Hitze backen.

Elektro 150 °C
Gas Stufe 1
Backzeit: etwa 65 Minuten.

Zucchini-Nuß-Brot kann einige Tage vor Gebrauch gebacken werden. Bei den Zucchini empfiehlt es sich, sie gut zu waschen und nicht zu klein, sondern mittelgrob zu reiben, dann etwas stehenzulassen, den Saft abzugießen und die geriebenen Zucchini mit der Hand auszudrücken.

Dieser Kuchen eignet sich sehr gut zum Einfrieren.

Australische Früchtetorte

100 g Butter	mit
200 g braunem Zucker	und
3 Eiern	schaumig rühren.
100 g Walnußhälften,	
100 g kleingehackte Paranüsse,	
250 g gewaschene Rosinen,	
150 g kandierte, kleingeschnittene Ananas,	
100 g entsteinte Belegkirschen,	
100 g Zitronatwürfel,	
100 g Orangeatwürfel,	
2 EL Weinbrand,	
2 Tassen Mehl,	
½ TL geriebene Muskatnuß,	
½ TL Salz,	
1 TL Zimt	und
100 g flüssigen Honig	dazugeben und alles gut verrühren. Die Teigmasse in eine gut mit
Butter oder Margarine	gefettete Kuchenform geben und langsam bei geringer Hitze backen. Elektro 150 °C Gas Stufe 1 Backzeit: etwa 2 Stunden. Dann die Garprobe machen. Für die Glasur
150 g Halbbitterschokolade	mit
4 EL warmem Wasser	in einer Schüssel im Wasserbad schmelzen lassen und
80 g zimmerwarme Butter	sowie
1 EL kleingehackte Nüsse	darunterrühren. Die noch warme Torte sofort mit der Schokoladenglasur überziehen und mit einem großen, breiten angewärmten Messer glätten.

Berchtesgadener Kletzenbrot

750 g getrocknete Birnen (Kletzen)	im Mixer pürieren.
2 Kränze Feigen	und
750 g getrocknete Pflaumen ohne Steine	in dünne Scheiben schneiden.
500 g australische Sultaninen	gut waschen und abtropfen lassen.
50 g Walnüsse	nur wenig zerkleinern.
750 g Mehl	in eine Schüssel geben,
10 g Hefe	mit
1–2 EL lauwarmer Milch	glattrühren, gehen lassen und mit
1 Prise Salz	sowie
100 g Zucker,	
4 TL Zimt,	
½ Päckchen gemahlene Nelken,	
1–2 TL Anis,	
1–2 TL Fenchel	und
etwa ⅜ l lauwarmem Wasser	einen Hefeteig kneten.
100 g Zitronatwürfel	sowie
100 g Orangeatwürfel	und das getrocknete Obst, Feigen, Sultaninen und Walnüsse dazugeben und gut darunterarbeiten. Teig zugedeckt etwa zwei Stunden an einem warmen Ort gehen lassen. Dann den Teig in 3–4 Stücke teilen, Laibe formen und auf ein mit
Butter oder Margarine	gefettetes Backblech legen. Nochmals gehen lassen, einige Male einstechen und im vorgeheizten Backofen bei guter Hitze backen. Elektro 220 °C Gas Stufe 4 Backzeit: etwa 60 Minuten.

Kärntner Hutzelbrot

150 g getrocknete Birnenschnitze	in etwas Wasser nicht zu weich kochen, dann abtropfen und erkalten lassen.
100 g entkernte Datteln	in kleine Stücke schneiden.
100 g australische Sultaninen	waschen, abtropfen lassen und mit den Datteln zu den Birnenschnitzen geben.
1/8 l Rum	darübergießen und über Nacht zugedeckt duchziehen lassen.
500 g Mehl, 100 g zerkleinerte Butter oder Margarine, 1 Prise Salz, 80 g Zucker, 1–2 Eier	und
1/8–1/4 l lauwarme Milch	in eine hohe Schüssel geben,
25 g Hefe	zerkrümeln, zufügen und mit dem Knethaken des elektrischen Handrührgeräts den Teig so lange kneten, bis er sich von der Schüssel löst. Den Hefeteig zugedeckt an einem warmen Ort so lange gehen lassen, bis er sein Volumen etwa verdoppelt hat. Teig in zwei Hälften teilen und auf einem bemehlten Backbrett dick ausrollen. Für die Fülle
200 g gemahlene Haselnüsse, 50 g kleingehacktes Zitronat, 50 g kleingehacktes Orangeat, 60 g Zucker, 75 g Semmelbrösel	sowie
1–2 TL Zimt	und die eingeweichten Früchte vermischen, die Teigstücke damit bestreichen und zusammenrollen. Dann mit
Eigelb	bestreichen, auf ein mit
Butter oder Margarine	gefettetes und mit
wenig Mehl	bestäubtes Backblech legen und bei mittlerer Hitze backen. Elektro 175–200 °C Gas Stufe 2–3 Backzeit: 50–60 Minuten.

Garnierter Fruchtkuchen

150 g getrocknete, entsteinte Pflaumen	und
100 g Sultaninen	gut waschen, abtropfen lassen, die Pflaumen klein hacken und mit dem
Saft von ½ Zitrone	beträufeln. Pflaumen und Sultaninen in eine Schüssel geben.
4 EL Schnaps, Rum oder Wodka	darüber verteilen. Zugedeckt etwas durchziehen lassen.
250 g Butter oder Margarine	mit
200 g Fruchtzucker	schaumig rühren, dann
6 Eier	darunterrühren und
400 g Mehl	mit
2–3 TL Backpulver	vermischen und alles dazugeben. Zuletzt die Trockenfrüchte daruntermischen, den Teig in eine gut mit
Butter oder Margarine	gefettete Napfkuchenform füllen und im vorgeheizten Backofen backen. Elektro 175 °C Gas Stufe 2 Backzeit: 60–75 Minuten. Den Kuchen in der Form etwa 20 Minuten abkühlen lassen und dann stürzen. Wenn er erkaltet ist, die Oberfläche mit
2–3 EL Aprikosenkonfitüre	bestreichen und mit
1–2 EL gehackten Pistazien	sowie
1–2 EL Mandelblättchen	garnieren.

Waffeln mit Rosinensahne. Rezept S. 99

Kleingebäck

Schrotplätzchen

250 g Weizenvollkornmehl, Type 1700	mit
1 Prise Backpulver,	
50 g Magerquark,	
110 g Butter,	
1 Prise Salz,	
100 g braunem Zucker,	
1 Ei	und
½ Tasse warmem Wasser	gut zu einem glatten Teig verkneten, dünn ausrollen und runde Plätzchen ausstechen. Ein Backblech mit etwas
Fett	bestreichen oder das Blech mit
anti-haft Backpapier	belegen. Die Plätzchen daraufgeben und mit
Milch	und
2 verquirlten Eigelb	bestreichen.
100 g gehackte Pinienkerne	daraufstreuen. Das Blech in den Backofen schieben und die Plätzchen bei mäßiger bis mittlerer Hitze backen. Elektro 175–200 °C Gas Stufe 2–3 Backzeit: 12–20 Minuten. Darauf achten, daß die Plätzchen hell gebacken werden.

Berchtesgadener Kletzenbrot. Rezept S. 118

Italienische Damenküsse (Baci di dama)

200 g Mehl	mit
200 g gemahlenen Mandeln oder Haselnüssen	sowie
100 g Zucker	und
200 g zerkleinerter Butter	auf ein Backbrett geben. Eine Vertiefung eindrücken und
etwa 4 EL Rum oder Weinbrand	hineingeben und mit kalten Händen alles zu einem glatten Teig verkneten. Mit den Händen nußgroße Bällchen formen und auf ein mit
Butter oder Margarine	gefettetes Blech setzen. Bei schwacher Hitze im vorgeheizten Backofen backen. Elektro 150–175 °C Gas Stufe 1–2 Backzeit: 15–20 Minuten. Die Küßchen vom Blech nehmen und auf einem Gitter auskühlen lassen.
50 g Vollmilchschokolade	im Wasserbad erhitzen und etwas abkühlen lassen. Je zwei Küßchen auf einer Seite dünn mit
Schokoladencreme	und auf der anderen Seite dünn mit
Konfitüre	bestreichen und zusammensetzen. Zur Abwechslung kann das Gebäck auch mit einer fertigen
Milch- und Schokoladencreme (Schokomac)	die aus Milch- und Schokoladencremestreifen besteht, einseitig dünn bestrichen werden.

Dattelküsse

	Von
100 g entkernten frischen Datteln	die Haut abziehen und die Früchte in kleine Stücke schneiden.
4 Eiweiß	steif schlagen,
250 g Staubzucker	durchsieben, einrieseln lassen und mitschlagen. Die Masse muß ganz steif sein.
250 g Mandelstifte	mit den Dattelstückchen darunterheben. Kleine Häufchen auf
Oblaten	setzen und im vorgeheizten Backofen bei schwacher Hitze zu schöner Farbe backen. Elektro 150–175 °C Gas Stufe 1–2 Backzeit: 20–25 Minuten.

Erdnußkonfekt

100 g gemahlene Erdnüsse	mit
100 g Mehl,	
60 g Zucker,	
125 g Butter oder Margarine,	
50 g kleingehacktem kandierten Ingwer	und
2 Eigelb	auf ein Backbrett geben und zu einem glatten Mürbteig verkneten. Kleine Kugeln formen, etwas flach drücken, mit
1–2 verrührten Eigelb	bestreichen.
50 g ungesalzene Erdnüsse	klein hacken und darüberstreuen. Das Erdnußkonfekt auf ein mit
Butter oder Margarine	gefettetes Backblech geben und im vorgeheizten Backofen backen. Elektro 150–175 °C Gas Stufe 1–2 Backzeit: etwa 10 Minuten.

Unwiderstehliche

80 g gemahlene Mandeln	und
80 g gemahlene Walnüsse oder andere Nüsse,	
120 g zimmerweiche Butter	sowie
120 g Zucker	und
150 g gemahlene bittere Schokolade	in einer Schüssel gut verrühren. Dann auf einem bemehlten Backbrett zu einer Wurst formen und etwa eine Stunde kühl stellen. Die Wurst in nicht zu dicke Scheiben schneiden. Ein Backblech mit
Fett	bestreichen, die Scheiben darauflegen, das Blech in den nicht vorgeheizten Backofen schieben und die Unwiderstehlichen bei mittlerer Hitze backen. Elektro 200 °C Gas Stufe 3 Backzeit: etwa 20 Minuten. Die Backzeit wird durch die Dicke der Unwiderstehlichen bestimmt.

Nußstreifen

100 g entkernte Datteln und
100 g getrocknete Aprikosen in sehr kleine Stücke schneiden.
4 Eiweiß zu steifem Schnee schlagen,
200 g Puderzucker dazugeben und mitschlagen. Die Früchte und
200 g gemahlene Haselnüsse daruntermischen. Die Schaummasse mit einem Messer fingerdick auf
8 große rechteckige Oblaten streichen und im nicht vorgeheizten Backofen kurz überbacken.

Elektro 220 °C
Gas Stufe 4
Backzeit: 12–14 Minuten.

Das Gebäck noch warm mit einem sehr scharfen Messer in kleinere, fingerlange Streifen schneiden.

Das Gebäck kann in Blechdosen aufbewahrt werden.

Züricher Weinplätzli

Aus
100 g Butter,
1 Ei,
1 TL Zucker,
150 g Mehl,
125 g zarten Haferflocken,
¼ gestrichenem TL Backpulver,
50 g gemahlenen Nüssen und
1 Prise Zimt einen Mürbteig kneten, 3–4 cm dick ausrollen, runde Plätzchen ausstechen und auf ein mit
Butter oder Margarine gefettetes Blech legen.
Mit
Eigelb bestreichen und mit
50 g gehackten Pistazien garnieren und backen.

Elektro 225 °C
Gas Stufe 4
Backzeit: etwa 15 Minuten.

Aprikosenleckerli

250 g gemahlene Haselnüsse	mit
250 g Zucker	und
2 EL Wasser	in einem Topf bei geringer Hitze so lange rühren, bis sich die Masse zu einem Kloß zusammenballt, dann etwas abkühlen lassen.
50 g getrocknete Aprikosen	in sehr kleine Stücke schneiden oder hacken und
125 g geraspelte Schokolade	darunterrühren.
4 Eiweiß	sehr steif schlagen und unter die Schokoladenmasse heben. Mit Hilfe eines Teelöffels kleine Häufchen auf
Oblaten	setzen und die Leckerli im vorgeheizten Backofen backen. Elektro 150–175 °C Gas Stufe 1–2 Backzeit: etwa 20 Minuten. Es ist zu empfehlen, die Backofentür 10 Minuten vor Ende der Backzeit einen Spalt zu öffnen und einen Kochlöffel dazwischenzustecken, damit der Dampf entweichen kann und das Gebäck innen weich und außen fest wird.

Törtchen Sakura

50 g gemischte getrocknete Früchte	in sehr kleine Stücke schneiden.
200 g Halbbitterschokolade	im Wasserbad schmelzen lassen,
60 g Butter	dazugeben und so lange rühren, bis das Fett zergangen ist.
50 g Cornflakes	und die Trockenfruchtstücke daruntermischen. Nicht alle Früchte und alle Cornflakes müssen ganz von der Schokolade umhüllt sein. Alufolie in 6 × 6 cm große Quadrate schneiden, kleine Förmchen formen und die Schokoladenmasse darauf verteilen. Einige Stunden in den Kühlschrank stellen und vor dem Anrichten aus der Folie nehmen.

Korinthenplätzchen

75 g Korinthen gut waschen und abtropfen lassen.
120 g Butter oder Margarine in Stücke zerteilen, mit
200 g Mehl und
60 g Zucker sowie
1 Ei auf ein Backbrett geben und alle Zutaten zu einem glatten Mürbteig verkneten. Erst jetzt die Korinthen und noch
30 g Schokoladentröpfchen (fertig gekauft) dazugeben und mit kalten Händen darunterkneten. Den Teig nicht zu dünn ausrollen, runde kleine Plätzchen ausstechen, auf ein mit
Butter oder Margarine gefettetes Blech legen und im vorgeheizten Backofen bei mäßiger bis mittlerer Hitze backen.

Elektro 175–200 °C
Gas Stufe 2–3
Backzeit: 20–30 Minuten.

Indisches Nußgebäck

80 g Mehl,
80 g Butter,
80 g Zucker,
2 Eigelb auf ein Backbrett geben.
100 g kandierten Ingwer klein hacken und mit
125 g gemahlenen Cashewnüssen dazugeben. Alle Zutaten zu einem glatten Teig verkneten. Davon kleine Häufchen auf ein mit
Butter oder Margarine gefettetes Blech setzen und bei geringer Hitze backen.

Elektro 175 °C
Gas Stufe 2
Backzeit: 10–12 Minuten.
Aus dem Teig können auch Kugeln geformt und ein Stück von einer Cashewnuß hineingesteckt werden. So oder so, das Gebäck schmeckt sehr gut.

Karlsbader Rosinengebäck

375 g Mehl	mit
1 Päckchen Trockenhefe,	
50 g Zucker,	
60 g Butter oder Margarine	sowie
1 Prise Salz	und
knapp ⅛ l lauwarme Milch	in eine Schüssel geben und mit dem Knethaken des elektrischen Handrührgerätes den Hefeteig so lange rühren, bis er sich von der Schüssel löst.
150 g Rosinen	gut waschen, kurz abtropfen lassen und davon 100 g darunterrühren. Den Teig zugedeckt an einem warmen Ort gehen lassen, dann auf einer bemehlten Unterlage etwa 2 cm dick ausrollen und runde, im Durchmesser etwa 5 cm große Plätzchen ausstechen. Zu jedem Plätzchen noch einen etwa ½ cm breiten Teigring legen. Ein Backblech mit
Butter oder Margarine	fetten und die Plätzchen daraufsetzen.
250 g Quark	mit
2–3 EL Zucker	schaumig rühren, die restlichen Rosinen und
1 EL Zitronensaft oder Weinbrand	daruntermischen. Die Quarkcreme in die Mitte der Plätzchen verteilen. Diese noch mit
Milch oder verquirltem Ei	bestreichen und im vorgeheizten Backofen bei mittlerer Hitze backen. Elektro 200 °C Gas Stufe 3 Backzeit: etwa 20 Minuten. Vor dem Anrichten das Karlsbader Rosinengebäck mit
Puderzucker	bestäuben.

Kokosflocken-Ecken

500 g Mehl	mit
1 Päckchen Trockenhefe,	
50–60 g Zucker,	
1 Ei,	
1 Prise Salz	und
60 g Butter oder Margarine	in eine Schüssel geben.
1/8 l lauwarme Milch	langsam dazugießen und mit dem Knethaken des elektrischen Handrührgerätes einen Hefeteig rühren. Den Teig zugedeckt an einem warmen Ort so lange gehen lassen, bis sich das Volumen nahezu verdoppelt hat. Ein langes Backblech mit
Butter oder Margarine	einfetten. Den Teig auf einer bemehlten Unterlage etwa 1 cm dick ausrollen und auf das Blech legen. Für den Belag
250 g Butter oder Margarine	mit
2 EL Honig,	
250 g Zucker,	
375 g Kokosflocken	und
6 EL Milch oder Wasser	in einen Topf geben, einmal aufkochen lassen, damit den Hefeteig dick bestreichen und bei mittlerer bis guter Hitze im vorgeheizten Backofen backen. Elektro 200–225 °C Gas Stufe 3–4. Den gebackenen Teig in Vierecke schneiden, die frisch am besten schmecken.

Kokosmakronen

250 g Zucker	mit
250 g Kokosflocken	sowie
1 Eiweiß	und
Saft von 1/2 Zitrone	vermischen, in eine Pfanne geben und bei geringer Hitze rühren, bis die Masse lauwarm ist. Erkalten lassen.
3 Eiweiß	ganz steif schlagen,
2 EL Zitronatwürfel	daruntermischen und den Eischaum nach und nach unter die Kokosmasse rühren. Mit 2 Teelöffeln kleine Häufchen auf

Oblaten	setzen und diese im vorgeheizten Backofen bei mäßiger Hitze backen.
	Elektro 150–175 °C
	Gas Stufe 1–2
	Backzeit: etwa 20 Minuten.

Früchte-Lebkuchen

50 g Honig	mit
50 g Butter oder Margarine	erwärmen, dann erkalten lassen.
100 g entkernte Datteln	und
100 g Feigen	in kleine Würfel schneiden.
3 Eier	mit
150 g braunem Zucker	schaumig rühren,
1 TL Hirschhornsalz	und
½ TL Pottasche	in
1 Tasse kaltem Kaffee	auflösen. Trockenfrüchte, Eier- und Honigmasse mit den Treibmitteln und
200 g Mehl, 200 g zarten Haferflocken, 2½ TL Lebkuchengewürz, 100 g gewaschenen Rosinen, abgeriebener Schale einer unbehandelten Zitrone,	
50 g Zitronatwürfeln	und
50 g Orangeatwürfeln	sowie
100 g gehackten Cashewnüssen	schnell miteinander verarbeiten. Den Teig mit nasser Hand auf ein gut mit
Butter oder Margarine	gefettetes Blech streichen und auf der mittleren Einschubleiste backen.
	Elektro 190 °C
	Gas Stufe 3
	Backzeit: 25–30 Minuten.
	Für den Guß
250 g Puderzucker	mit
5 EL Rum	verrühren und den gebackenen Teig noch heiß damit bestreichen. Mit
Cashewnüssen	garnieren. Nach dem Abkühlen in Quadrate oder Rechtecke schneiden. Die Lebkuchen halten sich in einer Blechdose lange frisch.

Kleine Naschereien

Feigen in Wodka

10 Feigen	in kleine Stücke schneiden und in eine Schüssel geben,
10–12 EL Wodka	darüber verteilen und zugedeckt, am besten im Kühlschrank, über Nacht durchziehen lassen.
200 g frische oder tiefgekühlte Erdbeeren	entstielen, waschen und mit einer Gabel zerdrücken.
¼ l süße Sahne	mit
1 Päckchen Vanillinzucker	steif schlagen und
2 EL gemahlene Mandeln	daruntermischen.
	Feigen mit dem Wodka auf Dessertteller verteilen, darüber das Erdbeermus geben und dann mit der Mandelsahne garnieren.

Würzige Kokos-Datteln

12–15 Datteln	entkernen und die Haut abziehen.
125 g Danablu (dänischer Käse)	mit einer Gabel zerkleinern und
2 EL Frischkäse	darunterrühren. Nach Geschmack mit
Whisky	verfeinern und mit
frisch gemahlenem Pfeffer	würzen. Damit die Datteln füllen. Zuletzt in
getrockneten Kokosflocken	wälzen und vor dem Anrichten in den Kühlschrank stellen.
	Die Datteln in Papiermanschetten oder einer bunten Holzschachtel verpackt, sind ein hübsches Geschenk.

Dattel-Naschereien

1 Packung Datteln
längs einseitig aufschneiden, den Kern entfernen, etwas auseinanderbiegen und mit
Nußnougat (Fertigprodukt)
füllen, leicht zusammendrücken und mit einer
Pistazie
garnieren. Diese mit einem Hölzchen befestigen. So kann man sie auch besser in die Hand nehmen.
Oder die entkernten Datteln mit
kleingehackten Pinienkernen
vermischen, mit
feingehacktem Ingwer
und
Weinbrand
abschmecken und damit füllen.
Oder die entkernten Datteln zur Abwechslung pikant mit zusammengerollten
Lachsschinkenscheiben ohne Fettrand
füllen und mit
Sahnemeerrettich
garnieren. Sahnemeerrettich in einen Spritzbeutel füllen und kleine Rosetten auf die Datteln setzen oder die Schinkenscheiben damit füllen. Das Ganze mit einem Hölzchen zusammenhalten. In Papiermanschetten angerichtet, ist dies eine verlockende Nascherei.

Leckere Leberwurstbällchen

Von
150 g Trüffelleberwurst
mit einem in Wasser getauchten Teelöffel kleine Stücke abstechen, mit Hilfe eines zweiten in Wasser getauchten Teelöffels kleine Bällchen formen und in
100 g gerösteten, gesalzenen, kleingehackten Erdnüssen
wälzen. Auf
Kräcker
die mit etwas
Kresse
belegt sind, oder auf kleinen Weißbrotvierekken anrichten. Einige
grüne oder blaue Trauben
waschen, jedes Bällchen mit einer Traube garnieren und mit einem Hölzchen zusammenhalten. Auch Mandarinenspalten sehen als Garnitur hübsch aus.

Variante:
Wer etwas Besonderes bieten will, nimmt für die Bällchen Gänseleberwurst oder Gänselebercreme.

Verpackte Pflaumen

12 entsteinte getrocknete Kurpflaumen	in
etwas Cream Sherry	über Nacht einweichen.
5–6 Scheiben Schinkenspeck	einmal durchschneiden. Jede Pflaume in eine Scheibe Schinkenspeck hüllen, mit Holzspießchen zusammenhalten und in einer Pfanne knusprig braten. Zu Kräcker oder Weißbrot eine kleine Leckerei.

Pistazienkugeln

250 g Frischkäse	mit
100 g zimmerwarmer Butter	verrühren. Mit
Salz und Pfeffer	sowie
1 TL Chilisoße	oder
ein paar Tropfen Tabascosoße	würzig abschmecken. Mit nassen Händen tennisballgroße Kugeln formen und in
50–100 g kleingehackten Pistazien	wälzen.
	Anstelle von Pistazien können auch kleingehackte Mandeln oder Nüsse verwendet werden.

Oho-Aprikosen

	Von
25 getrockneten, extra großen Aprikosen	die Einschnitte etwas vergrößern.
200 g Marzipanrohmasse	mit
3 EL Apricot Brandy	sowie
2 EL Puderzucker	und
3 EL kleingehackten Mandeln	verrühren. Darauf achten, daß die Masse cremig ist. Wenn nötig, noch
etwas Apricot Brandy	daruntermischen. Marzipancreme in die Aprikosen füllen und diese in die richtige Form drücken.
Variante:	Schokoladenkuvertüre im Wasserbad schmelzen lassen und die Aprikosen hineintauchen oder mit der Schokolade bepinseln.

Feigen in Wodka. Rezept S. 130